AF507100

LA VÉRITÉ
LITTÉRAIRE

DU MÊME AUTEUR

Essais

INTRODUCTION À LA LECTURE DE KAFKA, *Le Sagittaire.*
HEINRICH VON KLEIST, *L'Arche,* collection « les Grands
    Dramaturges ».
FRANZ KAFKA, *Gallimard,* « Bibliothèque Idéale ».
L'ANCIEN ET LE NOUVEAU, *Grasset.*
LA RÉVOLUTION PSYCHANALYTIQUE, *Petite Bibliothèque
    Payot.*
SUR LE PAPIER, *Grasset.*
ROMAN DES ORIGINES ET ORIGINES DU ROMAN, *Grasset.*
D'ŒDIPE À MOÏSE, Freud et la conscience juive, *Calmann-
    Lévy.*
LIVRE DE LECTURES I, *Grasset.*
SEUL COMME FRANZ KAFKA, *Calmann-Lévy,* collection « Dia-
    spora ».

Traductions

Georg Christoph Lichtenberg : APHORISMES, avec une
    préface, *Club Français du Livre.*
Wolfgang Goethe : LES SOUFFRANCES DU JEUNE WERTHER,
    Club Français du Livre.
Georg Büchner (en collaboration avec Arthur Adamov),
    avec une préface : THÉÂTRE, *L'Arche.*
Friedrich Nietzsche : AINSI PARLAIT ZARATHOUSTRA, *Club
    Français du Livre.*
Jacob et Wilhelm Grimm : CONTES, avec une préface, *Club
    Français du Livre.*
Robert Walser : L'INSTITUT BENJAMENTA, avec une préface,
    Grasset.
Franz Kafka : JOURNAL, avec une préface, *Grasset.*
    PRÉPARATIFS DE NOCE À LA CAMPAGNE, *Gallimard.*
    CORRESPONDANCE 1902-1924, *Gallimard.*
    RÉCITS, in vol. V, Œuvres complètes, *Tchou.*
    LETTRES À FELICE, *Gallimard.*
    LETTRES À OTTLA ET AUX AUTRES MEMBRES DE LA FAMILLE,
    Gallimard.

MARTHE ROBERT

LIVRE DE LECTURES II

LA VÉRITÉ LITTÉRAIRE

BERNARD GRASSET
PARIS

IL A ÉTÉ TIRÉ DE CET OUVRAGE
VINGT-QUATRE EXEMPLAIRES SUR
VÉLIN CHIFFON DE LANA DONT
DIX EXEMPLAIRES DE VENTE
NUMÉROTÉS VÉLIN CHIFFON LANA
1 À 10 ET QUATORZE HORS COMMERCE,
CONSTITUANT L'ÉDITION ORIGINALE

Tous droits de traduction, de reproduction et d'adaptation
réservés pour tous pays.

© *Éditions Grasset et Fasquelle, 1981.*

*Pour Bernard Privat
affectueusement.*

J'aime beaucoup les esprits intempestifs qui trouvent dans le passé le plus mort de quoi nourrir des polémiques passionnées. Que Simone Weil vive sa haine des Romains aussi farouchement, sinon plus, que l'eût pu faire un Barbare contemporain ; ou que le docteur Allendy traite Aristote avec la sorte de mépris hargneux que l'on réserve à son pire ennemi, et je suis toute prête à me laisser entraîner — non que cette haine-là en particulier me paraisse justifiée, dans les deux cas que je cite tout à fait au hasard, je serais bien en peine de dire si elle l'est, ou si la cause en soi mérite encore pareil échauffement. Mais il me semble que pour en être rempli si totalement qu'elle en devienne presque contagieuse, il faut avoir deux qualités spirituelles appréciables, qui sont du reste étroitement associées (sans parler de la sincérité, qui en l'occurrence n'est certes pas sujette à caution) : un don de participation intense, capable de s'exercer par-delà l'espace et le temps, et une pensée pour ainsi dire ailée qui, étant vraiment chez elle à tous les bouts de l'Histoire, est assez forte pour brûler l'actuel au feu de sa propre inactualité.

A côté de cela la pesanteur du temps : je lis dans une traduction française du *Tristram Shandy* de Sterne, début du chapitre XVII, livre 1 : « Mais ici la métaphore court, comme disent les socialistes, sur ses quatre pieds. » Passe encore sur la métaphore de la métaphore changée elle-même en quadrupède pressé, mais d'où peuvent bien sortir ces socialistes qui, au dire de Sterne, en 1760 exactement, en ont notoirement l'exclusivité ? Qu'on ne les cherche pas dans l'original ; renseignement pris, ils n'existent que dans la tête du traducteur, ou plus probablement dans celle du typo chargé de la composition, lequel, en homme profondément enfoncé dans son temps, évince sans hési-

ter les scoliastes du texte au profit des socialistes de son imagination. Il est vrai que les premiers ne lui disent rien, et que si les seconds
introduisent dans le texte un surcroît d'obscurité, ils ont du moins l'avantage de répondre
dans l'immédiat à ses soucis et à ses idées.

*

Deuil et mélancolie des mots perdus. —
Qu'est-ce qui les a chassés du discours quotidien, où ils marquaient pourtant le besoin de la
nuance, de la différence, et, au physique comme
au moral, l'inépuisable variété des phénomènes
humains ? Où sont partis le débonnaire, l'affa-
ble, le bonhomme ou le bonasse, l'atrabilaire
ou le chafouin ? Où, le chenapan, le papelard, le
doucereux ? Le salace, le graveleux, le salé ont
complètement succombé au porno ; l'acrimo-
nieux et le sarcastique s'abolissent dans l'agressif ; le piquant cède la place à l'intéressant, tandis que la charmeuse ou la sorcière, la sainte-
nitouche ou la virago, et combien d'autres mots
si propres à diversifier choses et gens, tombent
dans le néant créé en hâte par notre rage de
nivellement (comme si de tout fourrer dans la
grisaille de l'uniforme avançait le règne de
l'égalité). Ces mots nuancés qui fixaient rangs
et qualités en laissant jouer toutes les tonalités

subtiles des sensations et des sentiments, on ne
les rencontre plus guère que dans nos diction-
naires et nos anthologies ; à la rigueur sans
doute la littérature peut toujours les retrouver,
surtout lorsqu'elle ne craint pas de paraître
démodée ; mais pour peindre, situer, juger dans
le langage de chaque jour, nous n'avons déjà
presque plus rien à mettre entre le type bien et
le salaud ; les raisons et les torts, les qualités et
les défauts forment des blocs opposés, entre
lesquels apparemment nous ne concevons
même plus de degrés. Impossible de démêler si
ce dépérissement de notre appareil descriptif
est dû à l'usure naturelle des mots, ou s'il est le
fait de notre paresse de cœur et d'esprit. Quoi
qu'il en soit il ne laisse pas de troubler, et d'autant plus qu'il s'accompagne d'une autre maladie également mal diagnostiquée, qui sévit, elle,
dans le domaine de l'abstraction spécialisée. Il
est vrai que là — dans le propos philosophique,
critique, politique, social, bref, partout où il
s'agit de notions et de concepts —, le mal ne
réside pas dans l'appauvrissement de nos
façons de parler, mais bien dans une surabondance de mots malsains, je veux dire dans ce
foisonnement de néologismes, dans cette prolifération verbale sans frein qui font courir à la

langue les mêmes dangers que le néoplasme à l'organisme vivant.

*

Jugements et prophéties. — Nous croyons toujours discerner dans les productions du moment celles qui absorbent le véritable esprit du temps de celles qui vont à contre-courant, quelle que soit par ailleurs leur audace de ton et de pensée. Après la guerre, il était reçu parmi nous, dans le petit groupe que nous formions autour d'Arthur Adamov, de tenir Antonin Artaud pour la réincarnation des grands poètes visionnaires du passé plutôt que pour le prophète de notre modernité (à son retour de Rodez, sa ressemblance avec Baudelaire vieilli était si extraordinaire qu'elle ne pouvait que nous fortifier dans cette idée). La cruauté dont il faisait naguère la loi de son théâtre, et qui restait sa raison d'être et de créer, comme elle nous semblait innocente, presque naïve, à côté de la savante organisation de l'horreur que les nazis avaient patiemment édifiée. Les cris et les défis du poète insurgé retentissaient pour nous dans un espace en quelque sorte éternisé, notre époque les étouffait sans bruit, de la même façon que, dans la Colonie pénitentiaire de Kafka, le tampon de feutre placé sur la machine à tuer doit étouffer les derniers râles du Condamné. A cet univers de cauchemar que Kafka avait anticipé avec une précision quasiment scientifique, et où l'atrocité s'accomplissait mécaniquement, par le seul jeu d'une logique poussée au comble de l'absurdité, il fallait à notre avis non plus les fulgurations de la poésie, mais une littérature anonyme, dépersonnalisée, sans éclats ; une prose renonçant à toute génialité pour devenir un simple outil capable de démonter les rouages d'une machine sociale et spirituelle définitivement détraquée. Une littérature sans nom à l'image d'un monde innommable, ou à défaut plus de littérature du tout (c'était l'un des principaux thèmes de notre revue *l'Heure nouvelle*, où, sans crainte de nous contredire, nous publiions du reste à la fois des textes de Kafka et les premiers poèmes qui marquaient le retour d'Antonin Artaud à la vie). Eh bien, en cela nous n'étions vraiment pas prophètes : trente ans plus tard, il apparaît que la gloire d'Artaud est plus actuelle que jamais, et que si Kafka n'est pas à proprement parler oublié — il ne l'est qu'en partie, d'ailleurs, je vois mal ce qu'il représente aujourd'hui —, la littérature pour sa part n'a pas suivi le dur chemin qu'il nous semblait lui tracer, on dirait même qu'elle a bien pris soin de l'éviter.

Quant aux événements récents que Kafka avait préfigurés et qui motivaient notre prophétie, parce que nous les jugions sans précédents dans leur monstruosité, et voués par conséquent à ne jamais passer, ils ne sont pas seulement à demi effacés, mais, déjà replacés dans le cours banal des horreurs révolues, ils deviennent tout relatifs, quand ils ne sont pas carrément niés.

*

Relevé sur un mur au coin de la rue Saint-Dominique et du boulevard Saint-Germain : « Edmond Hitler, alias Ed Cailliaux, c'est ce cerveau blanc qui vous gouverne. » Un peu plus loin, écrit avec le même crayon, et, me semble-t-il, de la même main : « L'enfant de Robert Bacquet livré au MILIEU "serine" au retour de l'enterrement le 30 juin 1976 » (les majuscules et les guillemets sont dans le texte). Deux graffiti qui sont peut-être du même auteur, et qui pourtant procèdent de deux mondes bien distincts, car si Edmond Hitler n'est pas croyable ailleurs que dans un esprit entièrement clos sur lui-même, l'enfant de Robert Bacquet est absolument convaincant, on croit à sa pauvre petite vie et on le prend en pitié, parce qu'on voit comme de ses propres yeux l'abominable milieu « serine » auquel la mort de son père l'a livré. Dans le premier cas, un homme en proie à une idée fixe révèle le secret qui fait son tourment, sans parvenir à le faire partager. Dans le second, il suscite en quelques mots un monde de relations déjà bien esquissées, où l'imagination n'a aucune peine à entrer. A supposer que la définition la plus simple de la littérature se réfère essentiellement au besoin de communiquer, l'auteur d'Edmond Hitler, qui ne confie au mur que la poésie fruste d'un phantasme agressif, atteint tout juste le premier degré de l'écriture ; mais celui du milieu « serine » a l'étoffe d'un vrai romancier, et en songeant à tout ce qu'il sait mettre dans une seule phrase, en termes aussi poétiques que précis, on se prend à déplorer qu'un sort contraire ou quelque obscure fatalité intérieure ne lui ait laissé pour s'exprimer que ce mur indifférent (il est vrai que, comme personne ne lit l'inscription, personne ne pense non plus à l'effacer, ce qui lui assure tout de même une certaine durée).

*

« Rapport à... » Exaspérant. Mais naturellement le barbarisme a une histoire, il est dû aux premiers traducteurs des ouvrages existentialistes allemands qui, poussés par un excès de piété à l'égard de leurs auteurs, ou par je ne sais quels scrupules d'ordre philosophique, se crurent obligés de faire un sort à la préposition *zu* que l'allemand commande avec *Beziehung*. Toutes les fois que Husserl, Jaspers, Heidegger et d'autres écrivaient, disons : *Die Beziehung des Menschen zur Welt*, non dans une intention particulière, mais tout simplement parce que la phrase ne peut pas se construire autrement, on trouvait dans le texte français « le rapport de l'homme au monde », ou à lui-même, ou à Dieu — comme si ce « à » d'emprunt avait plus de sens et de profondeur que le tour correct n'eût pu en revendiquer (en cela du reste il se peut qu'on ait encore été confusément influencé par le souvenir du « rapport de X à Y », qui n'a d'emploi correct qu'en mathématiques). De l'existentialisme, la faute ne tarda pas à passer dans l'usage psychanalytique, où jusque-là pourtant elle n'avait pas eu accès (à ma connaissance les premières traductions et les essais psychanalytiques d'avant guerre en sont exempts), et désormais il ne fut plus question que du rapport du fils au père, ou à la mère, ou finalement à n'importe quel objet de la vie réelle ou imaginaire. N'ayant jamais été identifié, le germanisme poursuit tranquillement sa carrière en s'étendant de proche en proche à tous les secteurs ; il dévoie même des mots de sens voisin tels que « relation » ou « lien » (je viens de lire chez un historien « la relation de l'enfant à la mère » et « le lien de l'individu à la société »), et grâce à la superstition qui le gratifie d'un vague surcroît de signification, nous pouvons être presque assurés de n'avoir bientôt pas plus de rapports normaux avec les gens que nous n'en avions déjà avec les idées.

*

Jud Süss, de Feuchtwanger. — Un vrai héros qui, ayant su plier l'Histoire aux fins de son propre roman familial, réussit ce tour de force d'être aussi actif dans son rêve qu'il l'est dans la vie en qualité d'homme politique, de don Juan et de banquier. Un Bâtard, au sens exact que je définis dans mon essai sur les origines du roman, avec toutefois cette particularité qu'après sa disgrâce, et alors même qu'il a encore une chance de se sauver, il se métamorphose brusquement en Enfant trouvé, c'est-à-dire en rêveur passé définitivement de l'autre côté, hors de l'Histoire et de la réalité. Jud Süss commence comme tout bâtard par renier son père charnel pour se doter d'un père imaginaire haut placé, ce qu'il peut d'autant mieux que sa mère a eu une liaison avec un grand seigneur, et qu'un doute plane sur la légitimité. Sa réussite presque miraculeuse repose entièrement sur ce reniement de son père juif ; mais quand les intrigues montées contre lui parviennent enfin à l'abattre, il cesse tout à coup de lutter, et sans plus se soucier de son illégitimité probable, sinon prouvée, il revendique hautement son appartenance au sang juif et sa fidélité à la foi de sa tribu. Naturellement ce défi insensé lui coûte la vie, non sans contrepartie, toutefois, car en reniant en quelque sorte son ancienne apostasie, il entre de plain-pied dans le rêve immémorial que ses pères, à la suite de Moïse l'Enfant trouvé, savaient changer en éternité (on ne peut imaginer illustration plus convaincante de ce « retour du refoulé » dont Freud élabora la théorie, dans son *Moïse* précisément, et lui aussi sans doute sous l'influence de l'âge et de l'imminence de la mort).

✱

Certaines œuvres s'imposent avec une telle évidence qu'elles passent imperceptiblement du règne de l'art à celui de la nature : on a beau savoir qu'un accident, un hasard, un rien eût pu les empêcher de naître, elles font partie intégrante de notre univers au même titre que les données concrètes de notre géographie physique et humaine. Aussi incontestables que le sont forêts, montagnes ou monuments, bien que faites de mots et en cela même essentiellement discutables, elles nous semblent être là de toute éternité, et l'on a peine à croire que le monde puisse exister sans elles ou qu'il serait tout à fait le nôtre si elles n'y avaient pas été créées (encore que cette incorporation de l'écrit à la réalité se produise le plus souvent pour les chefs-d'œuvre les plus célèbres, elle ne définit pas exactement un ordre de grandeur, des œuvres de second plan ou même franchement médiocres peuvent en bénéficier, tant est forte notre tendance à pérenniser l'accidentel et à changer le hasard en pure nécessité).

Pendant vingt ans, dit-on, Alexandre Vialatte nota dans son carnet en regard d'une heure précise de la journée : « Apprendre l'anglais ». J'aime à croire qu'à l'ironie du velléitaire envers lui-même se mêlait la conviction profonde de l'écrivain-né, pour qui l'écrit remplace très bien le fait. Il n'apprenait pas l'anglais, mais comme il eût dû le faire chaque jour s'il s'y était vraiment mis, il lui fallait recommencer chaque jour son joli tour de magie.

*

Et que vaudrait ma magie personnelle si j'écrivais tous les matins, non pas « apprendre l'anglais », encore que j'en eusse bien besoin, mais simplement « apprendre à vivre » ?

*

Une très vieille femme à qui sa fille souhaite la bonne année : « Je te souhaite un grand bonheur et beaucoup de gentillesse pour moi. »

*

Ma remarque sur la « véhémence » des Cambodgiens et la « pondération » du Vietnam s'est trouvée entre-temps monstrueusement confirmée[1]. C'était somme toute une affaire de temps : les « véhéments » exterminaient leur monde sur-le-champ, tandis que les « pondérés », plus patients, exterminaient le leur petit à petit, en attendant d'anéantir également les « véhéments » exterminateurs.

*

On ne peut pas lire n'importe quoi n'importe quand et n'importe où, c'est un fait d'expérience banale dont il n'y a sans doute pas de loi

1. *Livre de lectures I,* p. 36.

à tirer, mais qui mérite tout de même d'être considéré. Certains livres, même très haut placés, se défont au moindre contact des choses pénibles de la vie ; d'autres passent l'épreuve sans être trop endommagés, et d'autres enfin, pourtant tout aussi subtils et aussi peu conçus pour saisir le réel à vif, entrent aussitôt en résonance avec la douleur physique ou morale la plus nue. J'ai pu lire Kafka dans les circonstances les moins propices à toute espèce de délectation littéraire, mais à l'époque où je logeais avec Michel chez un médecin de Revin, dans les Ardennes, et où je voyais toute la journée défiler sous mes fenêtres les ouvrières et ouvriers fondeurs estropiés, je n'ai pas pu lire les quelques tomes de Proust que j'avais emportés. En face de ces visages aux yeux criblés de limaille de fer, et de ces corps aux mains et aux pieds déchiquetés, toute la *Recherche du temps perdu* n'était plus que de la littérature, au sens péjoratif que le peuple a créé, et qui jamais encore ne m'avait paru aussi justifié.

*

Je n'oserais pas en faire un critère de valeur, il me semble pourtant que les livres capables de supporter l'assaut le plus brutal de la réalité ont sur les autres une terrible supériorité : c'est que, écrits par une personne en quelque sorte dépersonnalisée, donc apte à tout moment à s'identifier avec le moindre objet vivant, ils ont naturellement en eux de quoi faire face à toutes les souffrances présentes et passées, voire à toutes celles qui peuvent encore être inventées.

*

Ce mot de « littérature » exprimé comme un reproche est assurément sans réplique sur le terrain où il entend juger. Il ne peut être réfuté que dans une tout autre contrée, au point extrême où la littérature réduite à elle-même, sans autre stimulant et sans autre garant qu'elle-même, prouve malgré tout son incroyable pouvoir de lier.

*

UN DÉFI A L'IMPOSSIBILITÉ D'EXISTER[1]

Kouznetsov note quelque part dans son *Journal d'un condamné à mort* que les condamnés à une peine légère ressentent rarement le camp

---

1. Texte dit fin janvier 1979, à la salle Rachi, à l'occasion du 40 e anniversaire d'Edouard Kouznetsov qui, quelques mois plus tard, devait être échangé contre des espions prisonniers des Américains.

comme un mode de vie naturel. S'ils se mettent
à écrire, alors qu'en liberté ils n'y eussent
jamais songé, c'est le plus souvent pour dénoncer le monde concentrationnaire dont ils s'atta-
chent à fournir une vision et une explication
personnelles ; pour se poser en observateurs et
en témoins privilégiés, et se donner ainsi le sentiment d'être au-dessus du lot commun ; ou
bien encore pour transmettre aux autres une
expérience qu'ils tendent naturellement à juger
hors série. Ce ne sont pas là exactement les
raisons de Kouznetsov, car pour lui, qui a déjà
sept ans de bagne derrière lui au moment de
son procès et qui sait avoir encore quatorze ans
à purger, le camp ne se distingue plus essentiellement de la vie. Aux yeux de Kouznetsov le
camp se confond avec la vie d'abord parce qu'il
ignore s'il en sortira jamais, ensuite et surtout
peut-être parce qu'il lui révèle sous une forme
radicale, particulièrement précise et lisible, ce
qui fait le mal de vivre dans toute société policière, ou même jusqu'à un certain point dans
toute société policée. Aussi n'écrit-il pas avant
tout pour apporter un témoignage de plus sur
les bagnes de son pays et sur le système qui les
multiplie. Un tel témoignage lui paraît sans
valeur tant que le témoin reste, comme il dit,
« l'un de ces libéraux blanchis dans les batailles

de salon », ou tant qu'il garde la religion du pouvoir tapie secrètement en lui. Il tient bien plutôt son journal pour se donner le moyen de lutter, en lui-même comme au-dehors, contre la confusion du spirituel et du temporel, du politique et du psychique, ou pour reprendre la formule sarcastique de Kafka dans *le Château* — un livre que Kouznetsov n'a naturellement pas lu —, contre la confusion du « privé » et de l'« administratif » qui est partout à l'origine de la tyrannie, et qui lorsqu'elle régit totalement un système devient tout simplement mortelle. Sans cesse aux aguets des connivences que son propre sur-moi entretient avec les autorités coercitives de la société de contrainte dans laquelle il est né, Kouznetsov ne dénonce pas seulement le déni de justice, les abus de pouvoir, les sévices dont il est à la fois témoin et victime, mais bien les complicités obscures que le pouvoir totalitaire sait se ménager jusque dans les recoins les plus intimes de la vie privée, jusque dans la pensée et la conduite des plus rebelles de ses sujets. Il écrit par haine de tout ce qui, en lui comme chez autrui, est encore à quelque degré tributaire d'une idéologie. Parmi les écrivains soviétiques qu'on groupe sous le nom de « dissidents », c'est là assurément sa plus grande originalité, et ce qui pour nous décide de son rang.

Démuni de tout, coupé du monde, muré dans cette fausse solitude avec ses bruits, ses criailleries, son incessante promiscuité, Kouznetsov entreprend de défaire pièce à pièce, pied à pied, l'individu que l'Etat totalitaire a fait de lui. Car, ne l'oublions pas, il est né en 1939, il est donc le plus pur produit de l'éducation soviétique, laquelle tend précisément à ne laisser entre le « privé » et l'« administratif » aucune faille, aucun trou par où la moindre singularité ait une chance de se glisser. Tout ce qu'il a cru dans sa jeunesse, ses élans romantiques et ses enthousiasmes de poète, tout, jusqu'à son besoin de justice et sa tendance irrépressible à philosopher, tout cela lui est suspect parce qu'il ne sait pas *a priori* s'il s'y engage librement, selon les seules exigences de sa singularité, ou si ce n'est que l'écho des sentiments et des jugements tout faits dont il se sent encore imbibé. De là la nécessité de son Journal : il s'en sert pour survivre en tant que personne absolument singulière et non pas en tant qu'individu façonné ; il s'en sert pour penser seul, sans le refuge d'un espoir, d'une foi, d'une illusion, sans le secours de ces béquilles idéologiques que d'autres trouvent dans la religion ou, le cas échéant, dans un marxisme amélioré. De là aussi le scepticisme, voire quelquefois le cynisme de ces pages qui, dit-il, doivent l'aider à résister consciemment à l'impossibilité d'exister, en ne disant que le véridique dans l'expression de la vérité. C'est en cela surtout qu'il prend valeur d'exemple, mais c'est aussi en cela, me semble-t-il, qu'il s'affirme comme écrivain, c'est-à-dire comme quelqu'un qui, tout en ne parlant que de lui, trouve dans son propre fonds de quoi toucher d'emblée la généralité.

Le *Journal d'un condamné à mort* appartient à la grande classe des œuvres littéraires qui justifient à elles seules le mot même de « littérature », si déprécié dans le langage vulgaire. « C'est de la littérature », en effet, et peut-être même de la littérature avant tout, en ce sens précis que l'écrit, outre sa valeur propre de document, y prouve son pouvoir de lier ce que la nature des choses — différences d'origines, de langues, de temps et de mentalités — tend fortement à maintenir séparé. Kouznetsov est un inconnu, un étranger, un homme enterré vivant dans des ténèbres où nous n'avons pas accès, aussi éloigné de nous par son destin que nous le sommes au fond de sa nécessité. Mais il écrit un livre, un unique livre que de surcroît nous ne connaissons que traduit, et aussitôt il nous devient plus proche que si nous pouvions le rencontrer réellement dans nos rues. Grâce à ces notes hâtives, gagnées chaque jour sur le désespoir, et arrachées chaque jour à la vigilance sadique de geôliers ignares, il nous lie à lui par-delà toutes les frontières naturelles et sociales derrière lesquelles nous nous tenons retranchés. En cela il brise au moins moralement les portes de sa prison, ce qui ne veut pas dire bien entendu que le bagne lui-même puisse être le lieu d'une sorte de liberté plus stimulante que la vraie. Car dans l'enfer où le jeune écrivain devrait encore passer des années, la littérature qui lui permet de survivre, et qui nous le rend si proche, si présent, si fraternel, est elle aussi en grand danger de succomber. D'après ce que nous savons de ses derniers écrits, le mal du bagne l'aurait déjà bien anémié : c'est donc pour elle non moins que pour lui qu'il est absolument urgent de le sauver[1].

---

1. Depuis que ces lignes ont été écrites, Kouznetsov a été libéré à la suite d'un marché entre les autorités soviétiques et celles des États-Unis. Avec des forces intactes, inconcevablement. Et comme pour nous prouver que nos craintes n'étaient pas fondées, il a achevé en quelques semaines le deuxième livre qu'il avait commencé au camp.

*

D'un article de Jacques Bouveresse sur Musil[1], parmi d'autres passages dignes de mention :

« ... La situation de l'homme contemporain est celle d'un athlète de l'esprit et d'un infirme moral... »

« Comme le principe de l'accroissement spontané de l'entropie, le triomphe de la bêtise n'est en un certain sens pas autre chose que l'expression d'une loi du calcul des probabilités : les choses vont tout simplement dans le sens dans lequel il est le plus probable qu'elles aillent... La bêtise l'emporte toujours globalement et à long terme, parce qu'elle a l'avantage d'être compatible avec une majorité écrasante de possibilités de pensée et d'actions individuelles. »

Sans doute influencée par cet article bien pesé, quoique sans rapport direct avec lui, je me suis demandé une fois de plus en quoi la vieille Autriche favorisait spécialement certaine attitude à l'égard des opinions et des idées, si frappante dans la production de cette région et de ce temps. Serait-ce, comme le dit Musil, que

---

1. *L'Arc*, numéro spécial sur Musil, printemps 1979, n° 74.

la Cacanie était l'Etat moderne exemplaire, parce qu'il laissait le plus de jeu à « l'imagination d'espaces non remplis » ? Ou bien, comme je pencherais plutôt à le croire, que dans une société apparemment bien ordonnée, mais ouverte à tous les possibles et par là même très indulgente à l'irresponsabilité des jugements, les esprits les plus exigeants n'avaient d'autre recours contre le laisser-aller ambiant que de soupçonner *a priori* toutes les espèces d'énoncés, et de se montrer eux-même absolument *réservés* ? En tant que romancier, Musil rejoint Kafka dans son refus des idées et des partis arrêtés. Il partage avec lui une solide méfiance envers les qualités et les rangs, à quoi répond dans l'ordre intellectuel une position de neutralité en face des affirmations massives, hâtives, et de tout ce qui se donne en général pour fixé. Il s'impose par principe de tout peser et de tout examiner à fond, afin d'empêcher qu'une opinion prévalente, portée par tel ou tel de ses héros, ne brise prématurément le mouvement de la pensée. En conséquence il exclut de son univers romanesque les vérités dites établies, qui, devançant l'acte de la connaissance, s'opposent à son accomplissement et le frappent de nullité. En cela comme Kafka encore, bien qu'avec de tout autres moyens, il travaille activement non pas à détruire, mais bien à *préve-nir* les préjugés.

Entre les deux écrivains contemporains, et géographiquement voisins, c'est là assurément un remarquable point commun. C'est aussi le seul, à mon avis, car le principe de neutralité et de dépouillement qui crée entre eux un lien visible reste chez Musil une sorte de rêve théorique, un idéal d'autant plus stimulant qu'il n'exige pas impérieusement de s'accomplir. Alors que Kafka en fait la loi même de son art, la règle absolue qui détermine toute l'organisation du récit et qui réduit le héros à n'être plus que sa propre dépossession figurée. L'Ulrich de Musil est encore abondamment qualifiable, quoique justement il soit dit « sans qualités ». Il a un nom, une famille, un pays, une position, des relations et un rôle personnel à jouer — toutes choses dont l'Arpenteur du *Château*, un vagabond sans qualifications et sans aucune espèce de propriétés, est par définition rigoureusement frustré (un degré de plus dans l'abstraction, et il ne serait plus représentable du tout). Il est vrai que chez Musil la recherche systématique des possibles relève finalement de la métaphysique, tandis que Kafka y est contraint de l'intérieur et de l'extérieur par la plus dure des nécessités (il ne faut pas non plus oublier Prague, qui est à cet égard infiniment plus loin de Vienne que la distance réelle ne le laisse supposer). Au demeurant, Kafka ne s'intéresse nullement aux possibles en eux-mêmes, il n'en est obsédé que dans la mesure où il en attend des possibilités d'issues, des perspectives d'élargissement, au sens courant comme au sens pénitentiaire du mot, qui lui donneraient une chance de s'évader tout à la fois de sa prison pragoise et du cercle fatal de son propre mal d'être. C'est qu'ici l'examen des possibles n'est plus seulement une exigence de l'esprit, mais bien plutôt la question de vie ou de mort que la vie et l'œuvre de Kafka retournent sans cesse en tous sens, et que seule la mort saura vraiment trancher.

*

En tout cas c'en est bien fini de cette réserve ascétique du jugement que les écrivains les plus lucides ont voulu pratiquer, parce qu'ils y voyaient l'unique arme efficace contre le débraillé idéologique de leur temps. Après avoir reçu le conseil, voire l'ordre, de s'« engager », les contemporains se sont mis à écrire pour juger le jour même de ce qui s'était passé la veille ; puis, découragés peut-être par les difficultés de l'entreprise, vu l'opacité tenace du

présent, ils ont renoncé à chercher le bon sens
de l'Histoire, et pour l'instant, ils se contentent
de se raconter.

*

Henry Poulaille ne veut pas se voir étiqueté
écrivain « populiste ». Il a bien raison. La littérature en tant que telle ne supporte pas les qualifications, elle est tout court ou elle n'est pas
du tout, et dès qu'on la classe dans des catégories limitées, en la disant par exemple érotique,
policière, régionale, féminine, engagée, elle
perd sa seule qualité incontestable, qui est
refus de se spécifier.

*

Rilke écrivait à son éditeur Hugo Heller : « Je
ne saurais dire à quoi j'ai reconnu ces livres [de
Jacobsen] ; mais j'étais décidé à vivre avec eux,
et maintenant que vous me le demandez, la
réponse me vient facilement : ce sont les beaux,
les inépuisables livres de Jacobsen qui m'ont
influencé de façon décisive. » Et encore, dans sa
Lettre à un jeune poète : « Il n'y a que deux
livres qui me soient indispensables : la Bible et
les livres de Jacobsen. » En relisant *Niels
Lyhne*, dont je n'avais gardé qu'un souvenir un
peu pâli, j'ai naturellement cherché à m'expli-

quer ce que Rilke y trouvait de si rare, et de si décisif pour sa propre vie. Le roman, une sorte d'éducation sentimentale nordique, plus noire encore et en un sens tout de même plus douce que celle de notre Frédéric Moreau, compte certainement parmi les tout grands livres de la littérature européenne — mais de là à le mettre sur le même rang que la Bible... (il est vrai que Kafka en fait autant avec *l'Education sentimentale* de Flaubert, qui l'accompagne également toute sa vie et dont il assimile la fin au Pentateuque de Moïse). Quoi qu'il en soit, cette élévation du romanesque au biblique est évidemment plus significative pour Rilke que pour Jacobsen lui-même, lequel, en sa qualité d'écrivain naturaliste et athée, traducteur de *l'Origine des espèces* et darwiniste militant, n'eût sans doute pas rêvé pour son œuvre un pareil saut dans le sacré.

*

Décidément l'art de la polémique paraît bien exténué, s'il n'est déjà tout à fait perdu. Non que querelles et disputes aient quitté le champ de la vie publique, mais elles se déroulent dans un espace verbal si pauvre, si ennuyeux et surtout si peu différencié que rien de fort ni de vrai ne semble jamais devoir s'y passer. De quelque nature qu'il soit et à quelque niveau qu'il veuille se placer, le combat d'idées, désamorcé par le langage tout à la fois gnangnan et pédant qui est devenu son principal outil, se passe sur un terrain de pure convention, où la violence est étouffée d'emblée. Là, plus de mots féroces dont un seul peut tuer, mais de longues phrases molles et entortillées, des kyrielles de subordonnées informes, mi-style gendarme, mi-style savant, qui noient le débat dans leur fadeur et le font tourner à l'insignifiant. A lire et à entendre ces déclarations de guerre insipides, aussi passionnantes que les exposés techniques et les rapports administratifs auxquels elles empruntent leurs tournures, on en vient à se demander pourquoi les adversaires tiennent tant à s'empoigner, puisque, parlant le même langage anodin et pesant, ils expriment bien moins ce qui les divise dans l'ordre des convictions que la ressemblance profonde de leurs façons de penser. Le combat verbal n'est forcément qu'un simulacre lorsqu'on se sert des deux côtés des mêmes armes préalablement émoussées. C'est peut-être du reste cette impuissance à s'affronter réellement qui conduit si souvent à remplacer la polémique par la pure et simple grossièreté (s'il a été vraiment prononcé, le « sale petit con » dont

Simone Veil aurait gratifié l'un de ses jeunes contradicteurs lors d'un débat télévisé trouverait en cela au moins une sorte d'explication).

*

Comme en réponse à ce que je viens d'écrire, je lis dans *le Monde* de ce soir une mise au point de J.-E. Hallier sur sa récente diatribe à la télévision (élections européennes). D'après lui il ne l'aurait pas faite pour se livrer à des « injures personnelles », mais « pour relever la grande tradition polémique », en soulignant qu'à leur époque, « Victor Hugo, Chateaubriand, Bernanos y allaient bien plus fort ». Là pour une fois on ne peut que l'approuver, sauf qu'en stigmatisant « les nouveaux collaborateurs du pétainisme giscardien ripoliné d'économisme » ou « le disco douceâtre du libéralisme éclairé », il tombe à son tour dans la langue de carton qui nous tient lieu, en petit et heureusement en bien moins dangereux, de ce qu'est la « langue de bois » sous d'autres horizons.

*

Je n'ai aucune mémoire des films, je pourrais en citer que j'ai vus trois fois et que j'ai regardés chaque fois en toute innocence, comme s'ils ne m'étaient jamais passés sous les yeux, jusqu'au moment où une scène quelconque, généralement la plus insignifiante ou la plus secondaire dans l'action, m'a brusquement remise sur la voie. Ainsi d'un policier ou d'un western américain dont j'ai encore tout oublié, titre, acteurs, metteur en scène, sujet, mais dont je peux imaginer qu'il exploite abondamment toutes les ressources du genre : je ne le reconnais qu'à l'instant précis, jamais avant, où des gens réunis la nuit dans une sorte d'épicerie discutent âprement dans l'obscurité, assis sur de grosses caisses de biscuits. Immanquablement le déclic se fait là, presque à la fin, alors que tout le reste, où poursuites et meurtres se produisent sans doute en quantité, a chaque fois définitivement sombré. De même l'autre soir, j'ai regardé tranquillement James Cagney devenir fou furieux et entraîner tout le monde autour de lui dans d'incroyables tueries sans éprouver même de loin la moindre impression de déjà vu. Je ne me suis aperçue de mon oubli, sans toutefois me rappeler le film avec toutes ses péripéties, que lorsque le tueur dément, pérorant au milieu de ses complices muets, s'applique avec le plus grand soin à jeter des noisettes dans une assiette posée sur un guéridon. Pourquoi justement ces noisettes et ces caisses de biscuits ? Pourquoi ces détails en quelque sorte impérissables, quand je n'ai gardé dans ces deux cas aucune trace du drame raconté ? Je n'en sais rien, je ne m'explique pas cette singulière amnésie, d'autant plus troublante qu'elle recouvre non seulement le contenu de l'œuvre, mais le fait même de l'avoir vu se dérouler. Quelles que soient ces raisons, toutefois, et où qu'il faille les chercher, elles ont ceci de particulier qu'elles ne jouent jamais que dans le domaine des choses vues : à la rigueur je pourrais peut-être oublier tout ou partie de ce qui se passe dans un livre, mais ne plus me rappeler ni le titre, ni l'auteur, et perdre jusqu'au souvenir de l'avoir eu entre les mains, je ne crois vraiment pas que cela puisse m'arriver. C'est là pour moi l'effet de je ne sais quelle loi dont la littérature semble tirer au moins une part de sa solidité.

✱

Le *Journal d'Edith*. — Un couple bien assorti — mari actif, femme gaie, courageuse, entreprenante, un enfant gâté et un peu difficile, pas plus cependant qu'il n'est courant dans ce temps et dans ce milieu ; une maison neuve et agréable, des voisins charmants, tout de suite prêts à aider, ruisselant positivement de la meilleure volonté ; des moyens d'existence suffisants et, apparemment, des forces intactes pour lutter — avec toutes ces données prometteuses d'un bonheur domestique moyen et d'un avenir sans trop d'à-coups, Patricia Highsmith tricote patiemment, point par point, une histoire atroce auprès de laquelle les plus connues dans le genre diabolique paraissent pâles et puériles. Car le diabolique ici ne provient pas de quelque élément extérieur malfaisant, mais du fin fond de la bonne volonté et de la sociabilité dont ces Américains typiques, à commencer naturellement par Edith, ont le cœur et l'esprit entièrement barbouillés (personne, que je sache, ne sait peindre comme Patricia Highsmith cette bonne volonté américaine qui tend ses filets autour de l'être menacé et qui l'étouffe proprement, dans l'intention sincère de le sauver). A aucun moment, donc, on ne voit le diable se préparer à frapper, bien plus, tout l'art de l'auteur consiste à le rendre aussi invisible au lecteur qu'il l'est jusqu'au bout dans la vie de l'héroïne, non parce qu'il est habile à se dissimuler, mais parce que dans ce monde impossible à déranger, c'est à la banalité quotidienne que revient la tâche mortelle d'absorber la folie.

*

Comme le romancier avait les choses faciles lorsqu'il pouvait se permettre de mettre dans la peau d'un seul personnage bien en vue, non seulement sa propre organisation intellectuelle et nerveuse, mais l'appareil complet de sa philosophie. Parmi tous ceux qui ont abusé du procédé, Anatole France occupe certainement une place privilégiée ; ainsi dans *Histoire comique*, il invente un docteur Trublet, dit encore docteur Socrate (Trublet ! Socrate !) dont l'unique raison d'être est de communiquer les idées d'Anatole France au public ; pour le reste ce docteur savant plane très haut au-dessus de ses partenaires, lesquels, vu le niveau médiocre où ils sont placés, n'ont de leur côté rien d'autre à faire qu'à l'écouter parler. Dans ce cas sans doute presque caricatural, mais non sans équivalent même dans des livres plus subtils, l'auteur en somme joue constamment des coudes pour évincer ses propres héros du récit, ce qui ôte toute importance à son personnage fictif, et au récit lui-même le plus gros de son utilité. C'est très gênant, et en dépit de la naïveté qui inspire le procédé, presque indécent.

*

Trouvé comme preuve de l'existence de Dieu

dans un aphorisme du dramaturge autrichien Friedrich Hebbel : « Je cesserai de croire en Dieu quand je verrai un arbre faire des poèmes et un chien peindre une Madone. » Cette preuve par l'esthétique n'est certes pas des plus solides, surtout elle en appelle beaucoup d'autres, autant en fait que les multiples catégories professionnelles seraient à même d'en produire (quand les arbres construiront des ponts et les fleurs des ordinateurs...) Pour Hebbel, qui représente exemplairement cette sacralisation de l'art si caractéristique de son temps, il est clair qu'elle se suffit, bien plus il récuserait toutes les autres, pour cette raison que dans sa hiérarchie personnelle, le créateur plane très haut au-dessus du simple travailleur. Mais quoique pour nous écrire ou peindre ne relève plus nécessairement d'une intervention divine, certains théologiens amateurs d'aujourd'hui pourraient encore être tentés de s'approprier l'argument, sinon comme la preuve dont ils se passent au fond fort bien, du moins pour intimider les nouveaux philistins (les incroyants, les gens sans Dieu, puisque par un bizarre retournement, c'est en eux maintenant que l'obscurantisme est censé se loger).

*

Etant enfant, j'ai longtemps cru que le mot « radiateur » désignait un passant. Il n'y avait pas de radiateur dans le logis de mes parents, et cet objet que je ne voyais pas chez moi, mais uniquement dans le monde toujours un peu étrange du dehors, sans doute l'avais-je identifié très tôt avec les lieux publics et leur constant va-et-vient. Je dis sans doute, alors qu'en fait cet absurbe transfert m'est resté indéchiffrable, mais ce que je m'explique encore bien moins, c'est la frayeur que m'ont inspirée ensemble le mot « passant » et la chose « radiateur » dès l'instant où, mieux informée, j'ai dû me résoudre à les séparer.

J'inclinerais pourtant à y voir un résidu de la croyance ancestrale dans l'aptitude du nom à s'animer de par sa propre force et à se transformer lui-même en acte — néfaste ou bienfaisant selon une loi imprévisible, et par là même gros de dangers. En appelant le radiateur « passant », je lui conférais automatiquement le pouvoir de marcher, ce qui bien entendu le rendait terrifiant. Mais en replaçant le mot « passant » sur son véritable objet, je transformais l'être vivant en une chose inanimée, et j'en étais moi-même comme dépersonnalisée. Il y avait donc terreur des deux côtés, une terreur dont je ne pus me délivrer en partie que le jour où, découvrant l'existence de la grammaire et de l'étymologie, je pus me convaincre que les mots n'étaient pas doués de force magique au sens effrayant que j'avais imaginé, puisqu'on pouvait les faire, les défaire et les recomposer, pour ainsi dire à volonté.

*

Que les mots pussent animer ou pétrifier, blesser ou tuer, je le savais pourtant par les contes de fées dont je me gavais jusqu'à l'écœurement, seulement là je n'en étais pas effrayée, au contraire, ce royaume du « aussitôt dit, aussitôt fait » me plongeait dans la fascination et j'avais bien de la peine à le quitter, quelles que fussent les horreurs qui ne cessaient de s'y passer (je les lisais dans de petites livraisons de quelques pages, mal imprimées, avec une couverture illustrée représentant toujours les mêmes personnages coloriés à la façon d'images d'Epinal, et bien entendu non signées). Sans doute n'établissais-je aucun rapport entre le mécanisme qui m'angoissait si fort dans la vie quotidienne et celui que ces histoires exploitaient systématiquement pour charmer. Mais déjà l'écrit transmuait en plaisir l'angoisse causée précisément par son sujet dans la réalité. Et déjà la littérature accomplissait cette part essentielle de sa fonction, qui consiste à s'emparer de la tête de Méduse pour en faire le moyen même de la séduction.

✱

J'apprends en rêve l'existence d'un « droit-manège » dont j'ignore tout d'abord ce qu'il est censé représenter. S'agit-il d'une disposition légale tournant sur elle-même, selon le caprice des magistrats ? D'un droit octroyé à chaque justiciable, en quelque sorte par roulement ? D'un droit à la ruse et à l'intrigue qui serait reconnu par la justice officielle ? Je n'en sais rien, je démêle seulement des vagues propos des assistants que ce « droit-manège » désigne tout simplement un impôt indirect, avec cette particularité toutefois qu'il affecte tour à tour tous les produits, sans que les consommateurs en soient jamais avertis. Même cela à vrai dire je ne le comprends que lorsque quelqu'un sort de la foule houleuse pour annoncer que la taxe vient d'être abrogée. Partout la joie est grande, les gens se congratulent et poussent des hourrah, mais moi je suis terriblement déçue, d'une part parce que ma compréhension reste désormais sans objet, et surtout parce que le beau mot que j'ai inventé, réduit à son usage concret, a perdu d'un coup tout ce que j'y mettais d'essentiellement ambigu.

*

Le besoin bizarre qui pousse certains romanciers — entre bien d'autres Dickens et Thomas Mann par exemple — à caractériser leurs personnages non pas une fois, au moment de les présenter, mais à chacune de leurs apparitions, en accolant systématiquement à chacun d'eux une sorte d'enseigne parlante bien en vue. Sur ce panneau signalétique que tout héros porte au cou, et spécialement s'il est donné d'emblée pour un original, on lit tantôt un trait du visage ou du corps, tantôt une expression verbale inusitée, tantôt une attitude comique ou un tic — toutes choses qui se répètent immuablement mot pour mot sans être le moins du monde touchées par les changements qu'entraîne d'autre part l'inévitable progrès de l'action. Ainsi dans *les Buddenbrook* de Thomas Mann, qui raconte justement la décadence d'une grande famille, tout change et tout se défait lentement au cours des générations, mais la vieille maîtresse de pension qui élève les unes après les autres toutes les filles du clan n'apparaît jamais sans dire sa phrase typique, toujours typiquement aussi mal prononcée, « Sois *horeuse,* mon infant ». De même la femme de Thomas Buddenbrook n'est jamais évoquée, fût-ce si brièvement, que « sa lourde chevelure d'un roux foncé » et ses « yeux bruns très rapprochés cernés de fines ombres bleuâtres » ne soient dûment mentionnés. Partout l'apparition d'un personnage s'accompagne de l'*indicatif* qui tout à la fois annonce et résume son individualité, comme si l'auteur craignait que ses créatures ne fussent jamais bien reconnues ou que ses trouvailles de caractères ne fussent sans cesse oubliées. C'est agaçant, je l'avais déjà noté pour *les Grandes Espérances,* mais là malgré tout, cette manie lassante ne va pas sans gaieté, tandis que chez Thomas Mann, elle paraît si voulue, et tellement liée à l'esthétique de l'auteur que le roman, si réussi soit-il pour l'essentiel, en est pour finir sensiblement gâté.

*

En repensant au « droit-manège » : ce n'est pas seulement en rêve que je mets dans un mot infiniment plus de choses que le rêve lui-même ne le charge d'exprimer, j'en fais autant pour certains mots du dictionnaire réel, pourtant bien braves et on ne peut plus rangés. Ainsi, pour ne citer que le premier qui me vient à l'esprit, le mot « podagre » me paraît toujours contenir bien plus que le pied enflé du goutteux, auquel pourtant son unique sens est lié. J'y sens une noirceur, une âcreté, tout un halo de choses douteuses et de méchancetés qui, par-delà le simple pied malade, me semblent impliquer la condamnation de l'homme tout entier. En ce sens toutefois je ne vais pas aussi loin qu'Arthur Adamov, qui n'a jamais voulu admettre qu'un visage glabre ne fût rien d'autre qu'un visage rasé ; pour lui le glabre était lugubre et repoussant, un peu obscène, vaguement suspect. Et non seulement il n'en voulait pas démordre même quand nous lui faisions remarquer en riant que l'adjectif abhorré eût fort bien pu lui être appliqué, mais il s'en fallait de peu qu'il n'envoyât tous les glabres brûler dans le dernier cercle de son enfer personnel, en compagnie des autres réprouvés de sa mythologie.

*

Il y a là si l'on veut un ressort élémentaire de la poésie, dont la littérature ne tire d'ailleurs pas grand profit tant qu'elle ne relève pas de la glossolalie. C'est qu'à la différence de la simple intuition poétique, qui n'a pas spécialement besoin de s'exprimer, la poésie écrite ne se fait

pas en exploitant le mot trop large pour sa définition, mais au contraire en amenant le mot
juste à son plus haut degré de condensation.

*

La plupart des livres que je lis ces jours-ci
ont ceci de commun — et de mauvais — que la
personne de l'auteur y occupe à peu près tout
l'espace disponible, de sorte qu'à la place du
contenu annoncé, on ne voit guère qu'une main
à plume complaisamment exhibée, avec plus ou
moins de ruse ou de naïveté (c'est vrai non seulement des textes ressortissant au genre mi-his-
torique, mi-subjectif, mais, bien plus gravement, des ouvrages de savoir qui, en principe,
auraient pourtant autre chose à dire que l'auteur lui-même et son besoin de se manifester).

*

Lichtenberg : Mettre la dernière main à son
œuvre, c'est la brûler.

*

Du même encore : Une tête ailée (yeux d'ai-
gle) vaut tout de même toujours mieux qu'un
cœur à testicules.

*

L'âme et ses « suppléments ». — On continue à parler d'âme comme on parle de sous ou d'écus, longtemps après qu'ils ne sont plus frappés. Bien mieux, cette valeur démonétisée est aujourd'hui plus recherchée que jamais, à proportion semble-t-il de l'effondrement des idéologies. En soi pourtant le phénomène pourrait être salutaire puisqu'en forçant enfin à dissocier l'idéal de la géographie, il défait également l'illusion d'une terre promise, destinée dès maintenant à la justice et à la perfection. Mais on ne veut pas se désillusionner, et l'on cherche « un supplément d'âme » n'importe où pour n'avoir pas à penser le fait jusqu'au bout, et puis surtout pour se dédommager d'avoir perdu un à un tant de pseudo-paradis.

*

La « ventriloquie transcendante » qui, selon Lichtenberg, permet de faire croire que des paroles dites sur terre ont été prononcées au ciel. Un tour de passe-passe particulièrement grossier, mais que rien, jusqu'à présent, n'a jamais pu durablement démasquer.

*

A ce déplacement de la terre au ciel correspond un autre mouvement, plus subtil il est vrai, par quoi certains impies se laissent volontiers troubler. Dans ce cas la translation ne se fait plus du bas vers le haut, comme il le faut quand il s'agit de soutenir la vérité des religions révélées ; elle conduit plutôt à brouiller toutes les frontières entre le dedans et le dehors, un dehors certes invisible et muet, mais habité par des forces mystérieuses dont la puissance inconnaissable, porteuse tantôt d'extase, tantôt d'effroi, semble émaner directement du ciel. A la faveur de cette nouvelle confusion qui fait passer l'ineffable tout intérieur dans l'ordre de l'ineffable divin, ou à tout le moins non terrestre, des phénomènes intra-psychiques de saisissement ou de dépersonnalisation, coupés de leur véritable lieu d'origine et projetés dans un quelconque au-delà de l'expérience empirique, sont pris sans peine pour des états inspirés de tout point semblables à ceux que les mystiques ne se lassent pas d'évoquer. Et ainsi changé en moyen de communication avec les sphères supérieures, le fait psychique, qui en soi bien entendu ne prouve rien, sauf sa propre réalité, devient l'argument majeur de la spiritualité devant lequel l'agnostique lui-même, renvoyé à son étroitesse et à sa pauvreté, se croit souvent tenu de s'incliner.

Curieux scrupule pourtant, ou curieuse timidité, car enfin voilà beau temps que Freud a décelé le caractère infantile, et par là même en quelque sorte « éternel », du besoin d'attribuer à une puissance extérieure souveraine ce qui se déroule seulement dans le tréfonds de la psyché individuelle ; voilà beau temps qu'il a montré dans cette particularité de notre archéologie non pas une vulgaire erreur ou un parti pris de mauvaise foi, mais bien la racine même de l'illusion religieuse, et de toutes celles qui de près ou de loin lui sont apparentées. Pour autant qu'il ait lu Freud, et il l'a lu la plupart du temps, fût-ce rapidement, l'intellectuel sceptique devrait donc savoir à quoi s'en tenir sur le mécanisme de l'illusion et, partant, sur le bien-fondé de sa propre incrédulité. Or apparemment il n'en est rien, tout se passe comme si là son savoir cessait de fonctionner, en tout cas il ne l'empêche nullement de se laisser impressionner par mainte forme d'illusionnisme présente ou passée. Extasié devant des béatitudes qui lui restent inaccessibles, il est même parmi les plus empressés à saluer la « renaissance spirituelle » dont on fait tant de bruit ces temps-ci, si bien qu'à le voir, lui le sceptique, si désarmé et au double sens du mot si confus, on se prend à penser que sur cet article absolument essentiel, le premier mot de la leçon freudienne est encore nul et non avenu.

*

A défaut d'une analyse proprement freudienne de la confusion du dedans et du dehors, telle qu'elle s'opère en quelque sorte naturellement dans la psyché archaïque, le simple exercice d'une pensée saine ferait d'ailleurs déjà beaucoup sinon pour extirper totalement l'illusion, du moins pour lui ôter son pouvoir de fascination. C'est par exemple l'idée de Valéry, qui s'interroge sur ce qu'il adviendrait de la foi et de ses problèmes chez un esprit droit, formé très tôt à se désabuser par la pratique d'une véritable ascèse intellectuelle : « Un homme élevé depuis l'enfance dans l'étude des choses, auquel on n'eût enseigné que ce qui est vérifiable — en lui inculquant l'habitude de ne jamais confondre un *fait* avec une *idée*, un *mot* avec une *chose*, une *émotion* avec une *preuve*, un *désir* avec un *objet* —, qui ne donne en somme aux effets qu'une valeur Ψ, c'est-à-dire essentiellement provisoire et intermédiaire », un tel homme, se demande Valéry, « retrouverait-il les *questions* auxquelles répondent les religions et les métaphysiques ? » Il semble en douter, ce qui dénote un optimisme que ni l'expérience analytique, ni l'expérience ordinaire ne permettent de partager. Il faudrait plutôt penser que si les vieilles questions devaient revenir hanter l'homme désabusé, en vertu de la réalité du désir, qui tend toujours à l'emporter sur l'irréalité de son objet, elles le feraient probablement sous une forme moins puérile que celle qu'elles prennent dans les religions historiques.

*

Impressions du Midi de la France, de Hofmannsthal. — Tableau idyllique d'une Provence endormie, sortie tout droit de l'Antiquité. Le fond est grec, avec un supplément de solennité romaine et des ors mats empruntés aux Mauresques. Les Arlésiennes présentent au spectateur « leurs profils de camée », d'autres ont toujours leur grâce de Tanagra, d'autres encore avancent toujours en dansant et se courbent « comme des palmiers dans le vent ». Partout un silence de commencement du monde, beaucoup de couleur et à peine de mouvement, le poète voyageur ne rencontre l'actuel et le vivant que dans des personnages réincarnant le passé, ni hommes ni femmes au travail, ni passants pressés, rien que des figures figées dans des postures d'éternité loin de l'affairement des cités (les Arlésiennes et les cafés de nuit de Van

Gogh lui sont évidemment inconnus, tant en peinture que dans la réalité). Que cette relation de voyage soit bien moins une description qu'une vision retouchée par les souvenirs du lettré, cela saute aux yeux jusque dans ses images, qui ne sont souvent que des clichés. Mais elle date de 1892, et en considérant l'époque on se demande si, après tout, cette Provence hors du temps n'est pas plus vraie qu'il n'y paraît d'abord (le goût de l'auteur pour la couleur locale et les antiquités n'est d'ailleurs pas seul à jouer, car autant la survivance du passé dans les choses et les êtres le laisse visiblement fasciné, autant il est rebuté par la tentative de Mistral et de ses disciples pour restaurer la littérature locale, dans une langue qu'il juge « artificielle et guindée »).

*

Des gens se sont déplacés en groupes pour voir l'avion de Bokassa immobilisé sur l'aéroport d'Evreux. Un journaliste de la télévision leur demande s'ils savent qui est le personnage en question. Non, ils ne le savent pas. Mais l'affaire politique elle-même, ils en ont bien entendu parler ? Non, aucun ne sait rien, ni de Bokassa, ni des raisons pour lesquelles son avion est là, ils ont seulement appris qu'il se

passait quelque chose de ce côté, et ils sont
venus par simple curiosité. Ainsi ces hommes et
ces femmes qui regardent probablement la télévision tous les soirs n'ont rien retenu de ce
qu'on leur montre depuis des mois à ce sujet,
ils ont oublié non seulement l'histoire des
lycéens massacrés, mais les images qui l'illus-
traient et dont on peut tout de même penser
que sur le moment au moins elles les avaient
bouleversés. A voir leurs visages tranquilles,
quoique perplexes, on les envierait presque
d'être aussi bien cuirassés contre les horreurs
dont ils reçoivent par voie de presse une abon-
dante ration quotidienne. Mais sont-ils vraiment cuirassés ? Est-ce par manque d'intérêt
qu'ils ont oublié, et est-ce à proprement parler
de l'oubli ? Ne serait-ce pas plutôt que les *mass
media* n'ont pas la sorte d'influence que les sta-
tistiques permettent de leur attribuer, parce
qu'elles ne créent jamais, entre le monde extérieur *a priori* indifférent et le monde familier,
que des liens malgré tout abstraits et fortuits,
trop faibles pour résister à l'assaut des soucis
personnels à l'intérieur d'une seule journée ?
Comment expliquer autrement l'amnésie dont
les gens semblent frappés quand on les interroge sur des faits même récents ? On leur dit
beaucoup trop vite beaucoup trop de choses

impossibles à caser d'un coup dans l'ordre de leur propre vie. Beaucoup trop vite surtout : en écoutant par exemple le journal télévisé, dans lequel des nouvelles venues de partout et touchant aux sujets les plus dispersés sont débitées à un rythme affolant comme s'il s'agissait non pas de renseigner le public, mais de préparer le journaliste à battre un record de vitesse, on ne s'étonne plus que le simple spectateur, non spécialement formé à percevoir et à ordonner sur-le-champ autant d'informations disparates, ait quelque mal non seulement à les assimiler, mais même seulement à les enregistrer.

*

Je note dans le livre courageux de J.P. Stern sur Hitler, *Der Führer und das Volk*, un texte de Franz Werfel, écrit pendant la dernière guerre, que je voudrais verser au dossier *critique* de la modernité, si peu fourni et si rarement ouvert. « J'ai connu beaucoup de sortes d'orgueil, en moi et en d'autres. Mais comme dans ma jeunesse j'ai moi-même fait partie de leur catégorie, je peux bien avouer en me fondant sur ma propre expérience qu'il n'y a pas d'orgueil plus dissolvant, plus éhonté, plus sarcastique, plus démoniaque que celui des artistes d'avant-garde et des intellectuels radicaux

— des gens qui crèvent du désir vaniteux d'être profonds et obscurs et difficiles, et du désir de faire souffrir. Sous les rires d'indignation amusée d'une poignée de philistins, nous étions avec notre insignifiance les premiers chauffeurs de l'enfer dans lequel l'humanité est en train de rôtir... » Comme tous les transfuges ayant pris leurs anciennes idoles en horreur, Werfel sans doute ne laisse pas d'exagérer, mais il rend compte de quelque chose de très profond qu'il a appris à analyser et met ainsi le doigt sur une plaie secrète que l'avant-garde expressionniste, dont il faisait partie dans sa jeunesse, n'était sûrement pas seule à porter. Artistement déguisée en souci de montrer le monde tel qu'il est sous sa façade d'ordre et de raison, et devenant même dans les meilleurs des cas la source d'une clairvoyance prophétique, cette plaie d'orgueil n'a jamais été vraiment débridée. Quelques-uns certes l'ont en partie devinée, ainsi le journaliste Carl von Ossietzky, mort dans un camp après plusieurs internements, qui décelait chez les intellectuels allemands « des amoureux désintéressés de toute espèce de catastrophes, des gourmets friands de tous les malheurs survenant dans la politique mondiale... ». Toutefois personne n'est allé plus loin — en l'occurrence d'ailleurs le pire n'est pas la

plaie, mais bien le silence dont elle est entou-
rée —, personne sauf une fois de plus Kafka
qui, sans jamais polémiquer contre l'avant-
garde de son temps, l'a démasquée à sa
manière en peuplant son œuvre d'artistes perdus par un orgueil dément. La sorte de compli-
cité que Werfel découvre entre l'orgueil des-
tructeur propre à l'intelligentsia avancée, et
celui qui par la suite s'est déchaîné dans la réalité, nous sommes tentés de la juger monstrueusement outrée. Kafka pourtant en avait
douloureusement conscience : c'est elle qui lui
inspire l'image infernale de sa *Colonie pénitentiaire*, dans laquelle une vulgaire machine à
écrire — ce qu'est en fin de compte son fantastique appareil — se révèle n'être qu'une diabolique machine à tuer ; elle aussi qui lui dicte
l'histoire atroce du *Jeûneur*, où l'on voit l'artiste isolé par sa propre radicalité, et forcé de
vivre sur ses seules ressources intérieures, faire
de son jeûne un art et se condamner ainsi à
mourir d'inanition. Il est vrai que dans cet
exemple extrême, la rage de détruire ne se
retourne que contre l'artiste fourvoyé, nullement contre le monde ennemi, et pas encore,
pas encore contre l'art lui-même — cela, ce sera
l'affaire d'une autre génération.

*

Il faut bien que j'y revienne : tous les romans et récits que je lis en ce moment m'ennuient, je n'y trouve pas de matière littéraire, mais uniquement des gens désireux de se montrer, et qui, n'ayant pour sujet que ce désir apparemment irrépressible de s'exhiber, enfilent des phrases pour dire de préférence en vrac souvenirs, émois, rêves ou sensations — toutes choses qui n'ont aucune espèce de valeur en soi, et n'en acquièrent à la rigueur qu'autant que la littérature les oblige à se transformer. Monologues intérieurs, souvenirs d'enfance, descriptions d'états d'âme, voyages au bout d'on ne sait quelle nuit ou de quelle recherche de soi ou d'autrui — en cela tout le monde ou presque se sent l'égal des Joyce et des Proust, comme si le procédé pouvait remplacer à lui seul le mal ou le défaut d'être qui l'a rendu nécessaire, dans un cas particulier. En somme on applique le procédé, sans vouloir la souffrance et le travail avec lesquels il a dû se former. Et personne ne semble se douter que s'il n'est pas dicté par une singularité certes irréductible, mais capable de parler à la généralité, ce parti pris du subjectif et du discontinu tourne plus facilement au « kitsch » qu'il ne profite à la modernité.

*

Double sens et entente intéressée. — On m'avait dit que mon père avait été blessé d'une balle à la jambe (j'étais déjà en âge de parler) et j'avais demandé que cette balle, dont le nom me trompait, me fût donnée en guise de jouet. De fait à sa prochaine permission, mon père, qui marchait encore avec des béquilles, m'apporta l'objet désiré, seulement par une idée malencontreuse, ou au contraire par une vague intuition de ce que je voulais en réalité, je ne sais, il avait choisi une belle balle rouge sang dont la simple vue me fit hurler de terreur, et que bien entendu je ne voulus jamais toucher. Avais-je réellement confondu la balle à jouer avec la balle à tuer ? Ou bien, devinant là confusément un piège du langage, n'avais-je pas plutôt voulu m'assurer que mes balles à moi, bien que désignées par le même mot que celles qui déchiquetaient les chairs, n'avaient rien de commun avec ces engins meurtriers ? De toute façon le mot à double sens m'avait profondément troublée, et en donnant à son cadeau la couleur même de son sang, mon père ne changea pas seulement le trouble en angoisse, il m'apprit à son insu que les rapports entre les mots et les choses ne sont jamais tout à fait clairs et qu'il n'y a pas non plus de jeux de mots innocents.

*

Hors limites. — Mis face à face, deux désespérés, deux fous, deux moribonds n'ont strictement plus rien à se dire. C'est bien en quoi ils ne sont déjà plus d'ici.

*

« Ouverture », « dialogue », et tout ce par quoi le jargon politico-social masque encore sa pauvreté, que n'a-t-on pour tonner contre le coffre de Flaubert, et le naturel de sa rogne.

*

Vérité dernière des truismes. — « La mort dans l'âme », on peut l'avoir bien réellement, c'est vrai, mais alors où, dans quel recoin obscur et miraculeusement préservé trouve-t-on encore la force ou même l'envie de le noter par écrit ?

*

Ne rien écrire que pour dire l'essentiel. Soit. Mais l'essentiel, c'est la mort, et sur ce sujet nous n'avons jamais que deux sortes de mots : les vrais, qui par définition sont insignifiants

(« Elle était morte ! Quel étonnement ! »), et les faux qui, tirés des zones supérieures de la pensée ou de la poésie et par suite trop bien attifés, disent seulement l'art de raffiner sur le néant.

*

Novembre 1979. — Il fut un temps où *le Gardien de tombeau* de Kafka nous fournissait abondamment en citations appropriées à toutes sortes de situations quotidiennes. Nous nous disions à tout bout de champ : « Je suis encore fort, relativement... » ou bien : « Qu'il y ait compréhension ou méprise, l'état actuel est intenable... » « L'expérience montre qu'il se trouve toujours pour n'importe quel poste des gens compétents et de bonne volonté... » « Je sens les courants, mais j'évite de m'y plonger... » « Les autres, non, mais moi, mais moi... », etc. La pièce devenait ainsi une source inépuisable de sous-entendus et de plaisanteries, et à chaque citation nous nous émerveillions que dans un texte aussi court, il y en eût tant qui fussent taillées pour notre usage privé et pour un emploi général. Mais celle qui est venue me ressaisir brutalement ces temps-ci : « Ce cœur qu'on ne sent plus battre ! Ce lamentable assemblage de côtes ! Comme tout cela est usé ! » et que je me redisais sans cesse en voyant ma mère si affreusement décharnée, quelques jours avant sa mort, celle-là n'appartenait déjà plus à la littérature, elle venait de moi, dans les mots mêmes que me dictaient mon déchirement et mon effroi.

*

Ce matin au réveil je m'abandonne à ces questions insolites que la tristesse tire d'on ne sait où, et qui pour finir sont encore moins tristes que stupides. Le total des livres qu'on aura écrits est-il fixé par avance ? Et où, comment, par qui ou quoi est-il déterminé ? Comment savoir si le compte exact y est déjà, ou s'il y aura un reste que par conséquent personne ne connaîtra jamais ? Fort heureusement toute cette absurde comptabilité tourne court grâce à un texte que je lis par extraordinaire dans *le Monde du dimanche* et qui m'émeut parce que l'écrivain – José Cabanis, dont justement je n'ai jamais rien lu – s'y met gravement en question, sans aucune déréliction, mais aussi sans naïveté. Je souscris à tout ce qu'il dit des illusions de la littérature actuelle touchant ses relations réelles avec la vie – il est vrai qu'il n'y a nulle part de Don Quichotte moderne pour les lui représenter –, et je ne vois pas de vocation littéraire plus juste et plus conforme à notre état infantile que celle qu'il se donne en conclusion : « ... Je crois qu'écrire est à peu près cela pour ceux de mon espèce : le cri et l'appel, inutiles, de l'enfant que nous sommes restés et qui a peur la nuit. » Ce n'est pas très réconfortant, pourtant j'en suis un peu ragaillardie pour le reste de la matinée.

*

Je relève dans *le Monde* du 15 novembre 1979, à propos du *Don Giovanni* de Losey, une remarque de Jacques Lonchampt qui devrait bien donner à penser. L'auteur laisse entendre qu'en dépit de la magnificence du spectacle il s'est passablement ennuyé, « jamais, dit-il, ces airs et ensembles admirables n'avaient paru aussi interminables », et il en trouve tout de suite la raison : « elle tient à une dissymétrie du temps musical et du temps cinématographique. L'*aria* de Mozart est en quelque sorte du temps "vertical", suspendu, en profondeur, qui participe de l'éternité ; elle s'oppose absolument au temps "horizontal", chronométrique, du cinéma, et d'autant plus que l'on multiplie images, changements de plans, etc. » Voilà le point, en effet, à ceci près que ce désaccord fondamental des temps n'existe pas seulement entre le film et l'opéra, il joue également dans les rapports de tous les autres genres entre eux et manifeste la résistance tout à fait générale de n'importe quelle forme d'art à se laisser transposer dans un autre registre que le sien, fût-il apparemment voisin. Il est ce qui fait de la transposition des œuvres non pas avant tout une affaire de talent ou d'honnêteté, mais bel et bien une impossibilité.

Qu'il n'y ait pas de commune mesure entre la phrase écrite ou chantée, et les images visuelles que l'on peut en tirer, c'est un fait qu'on n'a pas de peine à vérifier (et qui suffit à réfuter la théorie de l'esthétique moderne selon laquelle, les genres n'étant plus que des conventions périmées, il n'y a pas lieu de les conserver). Il faut une fraction de seconde pour lire par exemple dans *Madame Bovary* : « Souvent elle variait sa coiffure, elle se mettait à la chinoise, en boucles molles, en nattes tressées ; elle se fit une raie sur le côté de la tête et roula ses cheveux en dessous, comme un homme... » Mais ces deux phrases si lourdes pourtant d'un contenu inexprimé, combien dureraient-elles si on osait les figurer ? Comment mesurerait-on ce « souvent » qui laisse dans le vague la fréquence des changements, et par quel moyen rendrait-on sensible visuellement le passage de l'imparfait de la première proposition au passé simple de la seconde, qui révèle non seulement un degré de plus dans le désarroi moral d'Emma, mais le trait le plus ambigu de sa personnalité ? Avec son énumération savamment graduée, et sa subtile modulation, la phrase n'a pas de contenu qui puisse se représenter, il faut ou bien la simplifier, c'est-à-dire lui ôter toute signification, ou bien se résigner à la laisser de côté, ce qui revient à priver Emma d'une bonne part de sa complexité et par là à sortir du roman (on peut tenir pour certain que Flaubert eût été horrifié qu'on pût tirer un film de son histoire, l'auteur en fût-il même Jean Renoir ; lui qui s'écriait en apprenant qu'on projetait d'illustrer *Bouvard et Pécuchet* : « Comment, le premier imbécile venu irait dessiner ce que je me suis tué à ne pas montrer ? », il n'y eût vu que la preuve qu'il s'était tué en vain).

Quoi qu'on fasse, la lecture va vite, le spectacle prend du temps, il n'y a aucun moyen d'accorder leurs durées. On en trouve encore une belle confirmation dans *le Château* de Kafka, l'un des textes les plus rebelles à la représentation et cependant l'un de ceux qui semblent le plus appeler la mise en scène, à cause de son côté censément très visuel. La première fois que K. l'Arpenteur pénètre dans le café de l'Hôtel des Messieurs, il est frappé par l'aspect particulier des paysans qui y sont attablés. « C'étaient de petits hommes qui, au premier abord, se ressemblaient. » Au milieu des événements passionnants qui accompagnent et suivent son entrée, la phrase passe presque entièrement inaperçue, on la lit et on doit la lire sans y penser, d'autant que par la suite cette ressemblance troublante n'est plus évoquée. Mais ce n'est pas tout, auparavant déjà on a appris que les deux aides envoyés à K., Arthur et Jérémie, sont tellement pareils qu'il ne parvient pas à les distinguer. « Vous vous ressemblez, leur dit-il, comme des serpents », et il décide en conséquence de les appeler tous les deux Arthur, comme s'ils n'étaient que deux apparences du même homme. Bien entendu les aides protestent, ils ne veulent pas être confondus, du reste K. est le seul à les juger semblables, les autres n'hésitent pas un instant sur leur identité. K. toutefois ne veut pas en démordre, bien plus il découvre encore une ressemblance entre ses aides jumeaux et Barnabé, son messager, ce qui aggrave sa méfiance et son trouble. Il va de soi que cette série de ressemblances fantastiques ne peut être due au hasard, elle a un sens bien précis dans la mesure même où elle n'existe que pour K., en fait elle renvoie à tout ce qui, de par sa situation paradoxale au village et son ignorance totale des mœurs de l'endroit, le conduit à regarder les habitants non pas comme un ensemble d'individus distincts, mais comme une peuplade mystérieuse formant une masse indifférenciée. Dès lors, comment porter sur scène cette situation bizarre dans laquelle un seul personnage voit ce que ni ses protagonistes ni les spectateurs ne sont à même de constater ? Si l'on veut tenir compte de l'illusion d'optique essentielle dont K. est prisonnier, il faut se résoudre à infliger au spectateur la vue absurde et ennuyeuse d'une population de frères jumeaux ou de sosies. Ou si l'on juge plus prudent d'y renoncer, on ôte à l'histoire son principal fondement puisqu'elle repose précisément sur ce problème des fausses ressemblances et des fausses identités. Là encore, là surtout étant donné l'extrême condensation du langage qui fait de la prose de Kafka un extraordinaire instrument de précision, la chose *écrite* refuse absolument de se transporter dans le temps et l'espace de la chose *regardée*, et l'on n'a le choix qu'entre deux impossibilités : ou bien on trahit le texte en supprimant des éléments qui, quoique lus au vol, contribuent à en déterminer le sens profond

(les coiffures de Madame Bovary ne sont nullement des détails secondaires, elles appartien-
nent au noyau même du roman) ; ou bien on
tient à observer un maximum de fidélité, et l'on
produit un spectacle fastidieux en étirant sur
un temps interminable ce qui dans le texte ne
dure qu'un clin d'œil. Mais en réalité on n'a pas
le choix du tout et il n'y a qu'une impossibilité,
car ennuyer avec un chef-d'œuvre, fût-ce par un
sentiment de respect malencontreusement
fourvoyé, c'est bien la pire des trahisons qui se
puisse imaginer.

*

A propos de la phrase de Flaubert que je cite
ici en exemple, je dois corriger ce que j'écrivais
naguère sur les coiffures de Madame Bovary[1],
après avoir constaté que, leur accordant
contre mon habitude une existence séparée, je
les faisais sortir de la phrase où elles sont
contenues, et par là même de la sphère propre
de la littérature. Car depuis, cherchant pour le
texte ci-dessus l'exemple le plus probant de l'in-
compatibilité de la chose écrite et de la chose
vue, j'ai relu le passage dans un tout autre état

---

1. *Livre de lectures I*, p. 71.

d'esprit, et devant ces phrases d'une beauté presque douloureuse, presque insoutenable à force d'inexplicable simplicité, l'élément anecdotique s'est dissous de lui-même et a réintégré sa place dans le corps du texte, où son unique réalité demeure enfermée (je dis : inexplicable simplicité, et en même temps je me demande si les phrases en question figurent parmi les quatre ou cinq dont Flaubert, à un moment donné de son travail, se plaint amèrement d'avoir mis tout un mois à les « chercher »).

*

Dans un autre ordre d'idées qui, tout en touchant davantage au contenu, ramène encore aux propriétés intrinsèques du texte et à leur irréductibilité :

Thomas Mann ayant prêté *le Château* de Kafka à Einstein, sans doute dans l'édition qu'il avait lui-même préfacée, celui-ci le lui rendit en disant : « Je n'ai pas pu le lire, l'esprit humain n'est pas assez profond pour le comprendre... » En le relisant moi-même pour comparer la nouvelle édition établie par Malcolm Pasley avec celle de 1951 faite par Brod, cette boutade d'Einstein me revient tout à coup et j'y trouve plus de sérieux que je n'inclinais d'abord à lui en accorder. Non qu'on puisse dire *le Château* inaccessible à l'entendement humain autrement que par plaisanterie, le roman est même à maint égard d'une rare lisibilité, mais s'il est presque transparent dans chacun de ses aspects isolés, ces aspects sont si nombreux, et les points de vue d'où on peut les considérer si variés, que l'ensemble garde en effet une certaine opacité. Nullement incompréhensible, donc, mais inépuisable, cela oui, car toute nouvelle lecture peut entraîner un changement de perspective qui, en modifiant sensiblement la répartition des divers éléments, fait voir au premier plan des thèmes qui jusque-là paraissaient au second, ou qui du moins ne semblaient importer qu'en conjonction avec le thème apparemment premier, c'est-à-dire avec le Château et tout ce qui dépend de sa mystérieuse organisation. C'est ainsi que cette fois, par suite peut-être d'une lecture différemment orientée, la composante érotique que je ne croyais pourtant avoir jamais sous-estimée s'est révélée non pas comme un motif parmi d'autres essentiels, mais comme l'axe même du roman, autour duquel toutes ses significations ne cessent de tourner. La façon dont les couples se font et se séparent, les entreprises brutales des mâles dominateurs et l'impuissance des assujettis, les continuelles intrigues des femmes pour régner sur leurs partenaires et évincer leurs rivales, les « histoires » à l'aide desquelles elles s'ingénient à nier ou à camoufler leurs déceptions sentimentales, le donjuanisme de « Messieurs » totalement inaptes à l'amour et les pauvres pièges où leurs victimes tentent de les attirer — pour peu qu'on se tienne à ce niveau élémentaire du récit, on s'aperçoit que le Château n'est que le leurre prestigieux derrière lequel se joue une guerre des sexes aussi sournoise qu'acharnée (certains personnages le disent d'ailleurs sans se gêner, pour eux l'obsession du Château ne recouvre en fin de compte que le désir sexuel, mais K. ne les écoute que d'une oreille distraite et le lecteur s'empresse de l'imiter, tant il tient à faire du Château le siège d'une haute spiritualité). Dans ce monde hiérarchisé à l'infini, si fier de son ordre et de son organisation compliquée, le sexe est la vraie cause profonde de la terreur sociale (dite « administrative » par une trouvaille vraiment géniale), et cela parce que, secrètement dissocié de l'amour et changé en retour en agent de l'ambition, il est lui-même atteint d'une maladie apparemment incurable. Et de cette terreur qui règne dans les bureaux aussi bien que dans les chambres conjugales, tout le monde y compris K. porte la responsabilité, encore que personne ne soit en mesure de la chasser. Mais alors on ne peut plus voir dans le héros la victime innocente du Château ou l'individu intrépide qui brave l'autorité suprême à ses risques et périls ; il faut bien plutôt le regarder comme le produit et le représentant d'une société dépravée, dans laquelle les choses du cœur et celles du sexe ayant été insidieusement séparées, il n'est plus possible de distinguer le vrai du faux ni dans l'intimité des individus, ni dans la vie publique, ni même dans le domaine réservé de la pensée. De là l'échec de K., qui à première vue paraît toujours si immérité : totalement dépendant lui-même de la sexualité malsaine qui fait le malheur des habitants du Village, il est le premier à transformer l'amour en instrument de conquête sociale et à confondre les affaires du sexe avec les intérêts supérieurs de l'esprit. En somme il a beau être faible et désarmé en face des « Messieurs » tout-puissants, il n'en est pas moins leur semblable en un sens essentiel, et c'est pourquoi Kafka ne peut pas le sauver (si cruelle soit-elle dans sa triste lucidité, cette satire des mœurs du temps est pourtant ce qui jette dans le roman une note de vraie gaieté : devant ces histoires de sexe érigées en histoires d'Etat et ces affaires d'Etat qui ne sont rien d'autre en fait que des ragots d'alcôve, c'est le rire qui l'emporte franchement, même sur le fameux humour noir dont Kafka passe pour être le virtuose).

✳

Bizarre pourtant qu'à une époque comme la nôtre, où en principe tout peut être dit et montré, il ne se trouve personne pour débrider de la même façon les plaies de notre vie sexuelle et sociale. Il est vrai qu'il faudrait d'abord pour cela être vraiment exempt d'idées préconçues, puis observer tout ce qui se passe dans ces bas-fonds mal éclairés, au lieu de se borner à provoquer et à prêcher.

✳

« Le plus important de tout pour moi dans cette vie est de me corriger de trois vices : 1) la paresse ; 2) le manque de caractère et irritabilité... » *(sic)*. A lire cette phrase par quoi Tolstoï décide à une certaine époque de clore chaque jour les notations de son *Journal*, ce qu'il fait effectivement du 17 août au 21 octobre 1854, littéralement ou avec des variantes, on se prend à penser que cet homme si doué d'autre part n'avait pas l'art de se rendre les choses faciles. Car enfin il avait le choix, ou bien il se laissait aller à tous ses vices en même temps, sans parvenir en près de trois mois à triompher d'aucun, et à la longue ses objurgations monotonement répétées eussent tout de même pu lui apparaître vaines ; ou bien certains jours il faisait tout de même quelque progrès sur un point, et ne fût-ce que pour s'encourager, il eût pu laisser au moins de côté le vice dont il s'était même mal, même passagèrement corrigé. Mais non, il transcrit chaque jour le même commandement et n'en tient aucun compte dans son comportement. C'est admirable ou stupide, comme on voudra, mais cela prouve en tout cas une foi dans l'écriture impossible à entamer, et puis aussi une certaine suite dans les idées, dont faute de mieux il eût pu légitimement se créditer.

*

En général, Tolstoï n'avait pas de chance avec ce *Journal* qui devait servir essentiellement à son perfectionnement moral. Ayant pris l'habitude d'y noter chaque jour la date du lendemain, sans doute pour s'inciter lui-même à le tenir régulièrement, il jugea plus prudent d'ajouter : « Si je vis encore », mais à la longue la chose lui parut fastidieuse et il la simplifia en se bornant à mettre l'initiale de chaque mot.

Il y aurait certes beaucoup à dire sur ce mélange de précaution superstitieuse et de lésinerie, Kafka pour sa part en tire la conséquence logique, avec le droit que lui donne sa propre tendance à escompter l'éternité à l'aide d'une comptabilité dérisoire, aussi naïve que rusée : « Le grand combat de sa vie, aucun homme ne peut l'embrasser d'un seul coup d'œil et en prévoir l'issue. Mais ce petit engagement local, Tolstoï l'a sûrement perdu. » Avec cela Kafka semble ignorer un trait qui parle bien plus franchement encore en faveur d'une défaite totale. Ce trait décisif nous est fourni par Gorki, qui avoue avoir soupçonné le vieil apôtre, auprès de qui il vivait alors en tant que secrétaire et disciple, de nourrir secrètement l'espoir que la nature suspendrait ses lois pour lui et lui accorderait l'immortalité physique. Le propos se trouve dans le *Goethe et Tolstoï* de Thomas Mann, mais j'ai lu la même chose ailleurs exprimée cette fois dans un discours direct. Là, Tolstoï aurait demandé tout à trac à Gorki au cours d'une de leurs promenades quotidiennes : « Croyez-vous qu'elle fera une exception pour moi ? » Comme je n'ai pas le texte de Gorki en main, je ne puis savoir laquelle de ces deux versions est la bonne, et laquelle est un peu retouchée, mais je dois avouer que la deuxième me ravit : on ne voit pas si souvent s'affirmer avec autant de candeur le narcissisme démesuré qui fait le vrai romancier, en deçà de toute intelligence, de toute pudeur et de toute rationalité. En considérant le format exceptionnel de celui que Gorki appelait « le dieu russe », je crois réellement qu'il a dit un beau jour tout haut ce que de plus petits n'oseront jamais s'avouer.

*

Dans le même ouvrage, Thomas Mann raconte que récemment (1910), un chevalier d'industrie a été arrêté à Munich parce qu'il s'était inscrit comme écrivain sur le registre d'un hôtel élégant. Il voit là un signe des temps, la preuve du relèvement social dont le métier d'écrivain bénéficie dans une société naguère bien établie, mais maintenant fortement ébranlée, au point de douter elle-même de ses titres et de ses rangs. Et le romancier ajoute tranquillement : « Nous ne pouvons en demander davantage. » Mais si, du reste on nous en donne déjà beaucoup plus, car aujourd'hui l'escroc n'aurait nullement besoin d'usurper le titre d'écrivain, il écrirait ou ferait écrire ses Mémoires, et grâce au pouvoir de la littérature, qui est grand en effet, il regagnerait sans peine son honorabilité.

*

Des phrases de Theodor Fontane que Flaubert n'eût pas désavouées : « Le livre n'a pas de sujet. Le "comment" doit remplacer le "quoi..." » « Tout défile devant moi comme une fantasmagorie, et finalement il faut que cela redevienne une fantasmagorie. Mais avant de le redevenir, il faut pendant un certain temps que cela prenne dans ma tête une forme solide et claire... » Ce dernier point concerne son projet de roman sur les *Liekedeeler*, une curieuse sorte de pirates qui pratiquaient le partage égalitaire du butin (d'où leur nom), et que l'on appelait aussi les « Frères de la Provende », parce qu'entre 1389 et 1392, ils avaient ravitaillé la ville de Stockholm assiégée par les Danois. Chassés de la mer Baltique par la Hanse et pour finir capturés en mer du Nord, les *Liekedeeler* furent exécutés en masse dix ans plus tard sur une place de Hambourg. Pour Fontane, cette histoire de brigands tout à fait étrangère à son registre habituel devait devenir une « tragédie fantastique et grotesque », ces deux éléments ayant de surcroît à se soumettre au savoir le plus rigoureux (comme Flaubert encore, il réclamait de tous côtés livres et documents). Mais soit qu'il fût déjà trop âgé pour entreprendre une tâche aussi lourde, soit que le projet lui parût trop ambitieux en soi, il renonça à le mettre en œuvre et le roman ne fut jamais écrit, ce qu'il y a lieu de regretter, d'abord évidemment pour la littérature, mais également pour ces *Liekedeeler* si cruellement châtiés une seconde fois par le silence de l'Histoire (le nom de leur chef, Klaus Störtebeker, ne survivait plus au XIXe siècle que dans des légendes populaires, qui continuaient de le glorifier. Cependant, d'après des amis allemands, on le trouve encore aujourd'hui dans des chansons d'enfants).

*

Je m'étonne toujours de trouver tant de plaisir à lire les chroniques gastronomiques des journaux, alors·que la grande cuisine elle-même me laisse tout à fait froide, n'ayant pas plus l'art de la faire que le don spécial qu'il faut, dit-on, pour savoir vraiment l'apprécier. A la maison nous mangeons peu et sans beaucoup chercher à varier l'ordinaire, mais dans ces articles, qui en général d'ailleurs ont d'assez jolies coquetteries de style, j'avale voracement les menus les plus compliqués, depuis la soupe de poissons et le foie gras d'oie, en passant par la marmite dieppoise, la matelote au beaujolais, les paupiettes de lapin solognotes, jusqu'aux vins, que je ne bois pas, et au « calva » normand dont j'ai horreur dans la réalité. Je m'empiffre (là je cite) de « mousseline de foies blonds aux raisins », je me gave d'une « aile de raie aux deux moutardes », je dévore « un simple canard de Chaillans grillé », ce qui ne m'empêche pas de me délecter d'un « onglet à l'échalote avec gratin dauphinois », de me bourrer de fromages tous à point et, bien entendu, d'une succulente tarte flambée. On pourrait croire que je me dédommage ainsi d'un appétit trop vite coupé et de mon manque d'aptitudes pour la gastronomie. Le fait est que sur le papier, je puis manger de tout en grosses quantités sans risquer la satiété. Mais c'est surtout que les noms de plats me semblent bien plus appétissants que les plats eux-mêmes : dans ce cas particulier je préfère de beaucoup les mots aux mets, ce qui me renvoie une fois de plus à la tyrannie de l'imprimé, et à ses liens aussi problématiques que subtils avec les choses de la vie.

*

Flaubert ne connaissait pas Fontane, avec

lequel il avait pourtant plus de points communs qu'avec nombre de ses prétendus disciples, et Fontane de son côté ne semble pas avoir entendu parler de lui, bien qu'il fût parfaitement informé du naturalisme français et eût même fait un séjour à Paris. Cette ignorance mutuelle de deux écrivains séparés par les frontières de la langue et de la géographie, quoique strictement contemporains, n'a certes en soi rien de bien troublant ; le retard des traductions, le cloisonnement relatif des littératures nationales, le hasard qui préside le plus souvent à la diffusion des œuvres l'expliqueraient assez largement, et cependant elle nous laisse rêveurs, vaguement insatisfaits, vaguement choqués. Nous avons peine à croire que des écrivains ayant pareillement marqué leur temps, du moins à nos yeux, selon nos critères du moment, n'aient strictement rien su les uns des autres même quand les circonstances leur eussent permis de se rencontrer ou de se lire mutuellement. Quand Kafka vient à Paris en 1910 et 1911, il ne voit et ne cherche à voir aucun des écrivains français de sa génération, et cela bien que leur langue lui soit très familière et qu'il en saisisse toutes les subtilités. Il s'en tient à Flaubert, le maître qu'il place toute sa vie au sommet de sa hiérarchie personnelle, et pour le reste, il goûte beaucoup des auteurs comme Francis Jammes et Charles-Louis Philippe, qui nous paraissent à nous aussi loin que possible de son propre univers. Quant aux noms de Joyce et de Proust qu'un lieu commun de la critique associe régulièrement au sien dans une sorte de trinité légendaire, symbole de la modernité, il est plus que probable qu'il ne les a jamais entendu prononcer, en tout cas il n'y a jamais fait allusion, on n'en trouve trace ni dans les propos rapportés par ses témoins, ni dans ses lettres et ses carnets. Ainsi quoi qu'on en ait, Kafka lisait avec plaisir *Bubu de Montparnasse* et n'avait pas la moindre idée de *la Recherche du temps perdu* et de l'*Ulysse* de Joyce ; tout de même que Dostoïevski espérait pouvoir égaler non pas les grands écrivains français de l'époque, qu'il ignorait, mais Eugène Sue et Paul de Kock, qu'il mettait tranquillement sur le même rang que Balzac (il rêvait d'écrire *les Mystères de Saint-Pétersbourg*, et *Gustave ou le mauvais sujet* lui a réellement inspiré un récit). Nous avons beau savoir qu'il n'y a pas là de quoi pousser les hauts cris ; que les écrivains marquants d'une époque ne sont nullement tenus de chercher à se lire et à se rencontrer ; qu'ils n'ont pas nécessairement des goûts conformes à ceux que nous déduisons de l'esthétique de leur œuvre, et que par conséquent il n'est pas sûr du tout qu'ils se fussent appréciés, nous ne pouvons faire que nous n'en soyons surpris, voire secrètement scandalisés. Non sans raison au demeurant, car cette absence totale de liens là où nous supposons d'instinct une circulation en quelque sorte spontanée des formes et des idées attaque de front l'une de nos superstitions les mieux enracinées, en nous forçant d'admettre que dans cette littérature mondiale si pleine selon nous de correspondances et de signes cohérents, le contingent et le fortuit l'emportent de loin sur la nécessité.

*

A côté de cela une correspondance incontestable, qui du reste ne prouve rien, parce qu'on la trouverait sans doute dans bien d'autres biographies : la première fois que son fils lui lut l'une de ses œuvres à haute voix, Achille-Cléophas Flaubert s'endormit ; et lorsque Kafka donnait un de ses livres à son père, celui-ci répondait invariablement, sans le remercier : « Pose-le sur la table de nuit. »

*

Romantisme, symbolisme, naturalisme,

expressionnisme, futurisme, dadaïsme, vérisme, surréalisme, populisme, lettrisme, etc. — chacun de ces « ismes » a incarné en son temps la révolte de l'esprit nouveau contre la tyrannie de l'ancien, au nom de la seule liberté de changer radicalement les façons d'écrire et de penser. Le nouveau qui s'agitait pour naître voulait détruire radicalement l'ancien avec lequel il ne croyait pas pouvoir coexister, et comme cette radicalité lui tenait lieu de justification, il ne cherchait ni à définir ses limites et ses droits, ni à préciser à quelles conditions il pourrait se perpétuer sans devenir lui-même pour d'autres un ancien à supprimer. De la sorte chaque mouvement était combattu par celui qu'il avait engendré ou qui lui succédait ; dans l'espace de quelques années, le révolutionnaire d'hier devenait le rétrograde du lendemain, à moins qu'il ne prévînt le danger en étendant sans cesse le champ de son agressivité. Dès l'instant que le nouveau pouvait à tout moment être investi par plus nouveau que lui, un plus nouveau qui se prétendait bien entendu plus radical, plus pur, plus réfractaire au moindre compromis, on ne pouvait plus se contenter de rénover la littérature en la débarrassant de ses vieilleries, il fallait bel et bien la terroriser, et comment l'eût-on fait, sinon en déclarant la guerre à la langue et à sa grammaire, où l'ancien réputé mort continuait tranquillement de régner ? En bonne disciple de Nietzsche, qui disait déjà que la grammaire est la dernière croyance des athées, celle qui reste quand il n'y a plus de dieux à adorer, l'avant-garde alla sans hésiter à cette extrémité ; mais comme elle était talonnée de deux côtés à la fois, par l'ancien qui menaçait toujours de la ressaisir, et par le nouveau qui se préparait à la relever, elle dut agir sans prendre le temps de se penser elle-même à fond, c'est-à-dire sans se demander d'où sa volonté d'instituer la terreur et son nihilisme impatient tiraient leur vraie nécessité. De là l'agitation brouillonne à laquelle elle était condamnée, mais de là aussi sa précarité : dans la mesure même où elle se fondait sur un nouveau perpétuellement agité, et non point sur l'examen critique des rapports obscurs de tout écrit avec la tradition, elle était fatalement vouée à ne pas durer.

Après quelque deux siècles de cette agitation presque ininterrompue, entretenue par les écoles et les cénacles à coups de manifestes virulents, le fait est que pour le moment la vie littéraire semble partout bien calmée. Depuis quelques années, le nouveau se tait, il n'y a plus d'*ismes*, plus de doctrines à propager, et partant plus de querelles intestines, plus de batailles entre des groupes rivaux ; bien entendu tout cela existe encore en dehors de la littérature, et elle n'est pas sans en être influencée, mais justement, ce n'est plus elle qui donne le ton : la production, l'édition et la consommation des œuvres se font dans un morne silence à peine troublé par le tapage de la publicité. Tout se passe dirait-on entre gens de bonne compagnie, dans un monde feutré, tolérant, où les mots d'ordre guerriers de l'ancienne avant-garde n'ont plus que la valeur de souvenirs historiques. Entouré de mille prévenances, le nouveau d'aujourd'hui, qui n'engendre plus d'élans collectifs, grands ou petits, se fond aussitôt dans l'énorme masse des produits ; et l'ancien de toujours l'absorbe sans effort, sans drame ni remous, avec bien plus de facilité qu'il n'a absorbé finalement celui d'hier, en dépit du radicalisme extrême qui, en tout état de cause, devait le rendre impossible à assimiler. Ainsi le sensationnel ne fait plus sensation, que ce soit en tant que forme ou en tant que contenu ; il est à peine né qu'il tombe déjà dans le lot des fadaises où la médiocrité ne se lasse pas de puiser.

La disparition de l'avant-garde littéraire semble s'expliquer tout naturellement par la surenchère continuelle qui la poussait à ébranler, voire à détruire, ses fondements, en s'attaquant non seulement à des règles et à des contenus périmés, mais peu à peu au langage lui-même, dont la dégradation devait pourtant porter atteinte à sa propre existence. Après avoir fait éclater les règles strictes dans lesquelles la littérature classique était corsetée ; décrété la mort du philistin et du bourgeois, ou de quelque nom qu'on veuille appeler ce personnage aussi haï qu'inusable ; proclamé la nécessité urgente de bouleverser la littérature pour forcer le monde à changer ; brisé la continuité du récit et infligé toutes sortes de violences à la phrase et au mot — après cela on pourrait croire en effet qu'il n'y avait plus grand-chose à démolir et que si l'avant-garde s'est éteinte ou à tout le moins endormie, c'est pour la bonne raison qu'ayant trop bien réussi, elle a détruit elle-même jusqu'à ses derniers objets.

Ce serait pourtant là se tenir à la surface des choses, car au fond l'avant-garde n'a rien détruit de ce qu'elle prenait si violemment pour cible, elle n'a fait que *figurer* le rêve d'apocalypse qui constituait en fait sa principale inspiration, avec plus ou moins de force et de crédibilité selon l'état de la société du moment et l'expérience particulière de chaque génération.

Et tandis qu'elle jouait ainsi sur scène les révolutions absolues qu'elle croyait toujours imminentes, au-dehors le monde continuait tant bien que mal son chemin et se révolutionnait à sa façon, sans songer à tenir compte de ses prophéties, et encore moins à les réaliser. Depuis l'époque du romantisme allemand jusqu'à la plus récente, qui fut aussi à cet égard la plus mouvementée, le monde s'est somme toute fort bien accommodé des assauts constants de la modernité, et ce ne sont pas les francs-tireurs de l'avant-garde la plus déchaînée, mais des puissances autrement redoutables qui l'ont contraint de se transformer.

Les plaies que la littérature inflige au monde sont un peu comme celles que Don Quichotte subit de la part de gens déguisés en fantômes, sauf que là les fantômes sont faux et les plaies bien réelles, alors qu'ici il s'agit de plaies fictives, dont le sang ne peut pas couler. Dans la mesure où l'avant-garde théorique voulait faire du nouveau en littérature une arme explosive qui allait changer le monde ou mieux encore l'anéantir — c'était le programme de l'expressionnisme allemand, mais bien d'autres mouvements nourrissaient le même espoir, sans toujours l'exposer aussi clairement —, il n'est pas niable qu'elle a échoué : elle n'a pas changé quoi que ce soit au train du monde, il ne lui a été donné dans le meilleur des cas — et ce n'est pas peu, assurément — que de prévoir les changements ou seulement de savoir les enregistrer.

Elle n'a pas réussi davantage à détruire la littérature, quoique à ses postes les plus avancés, ce fût bien là son but implicite ou avoué. Elle l'a secouée, terrorisée, quelquefois même torturée, mais détruite, non, au contraire elle a contribué à augmenter son prestige et en cela déjà elle s'est largement démentie. Car la littérature était vraiment son ennemie, non point en tant que telle sans doute, mais en tant que ce domaine privilégié du « beau » et de l'« idéal » (le jargon actuel dirait : en tant que « bien culturel ») où le bourgeois se plongeait avec délices pour se racheter à ses propres yeux et prendre le masque de l'homme cultivé (ce que les expressionnistes reprochaient à Thomas Mann, par exemple, c'était que son œuvre se prêtait particulièrement bien à ce genre d'imposture, non sans raison à leur point de vue). Puisque les Belles-Lettres étaient devenues pour le bourgeois hypocrite et borné le lieu de parade de ses beaux sentiments, il fallait leur arracher leur beauté et remplacer partout le beau par le laid, l'harmonieux par le discordant, le sublime par la grossièreté. Plus un mouvement se comportait sérieusement avec son propre extrémisme, et plus il s'acharnait contre la beauté parce qu'il y voyait l'alibi essentiel du bourgeois, cela même qui lui permettait de se convaincre de sa « belle âme » et de se dédouaner ainsi de sa vulgarité. Avec ses capacités d'expansion dans l'insolite, le bizarre, le scandaleux, le répugnant, la laideur ne risquait guère d'être utilisée pour couvrir pareille opération ; on se mit donc à la cultiver non pas comme on l'a trop souvent dit pour « épater le bourgeois », mais pour brouiller définitivement ses concepts, pour renverser toutes les catégories esthétiques où il pouvait caser commodément ses idées toutes faites, littéralement pour le désorienter.

Toutefois là encore, l'avant-garde n'a réalisé qu'une partie de son programme, car elle ne recherchait pas la laideur pour elle-même, elle n'y voyait pas une fin, mais un moyen particulièrement subversif, propre à accélérer la grande insurrection de l'esprit contre les valeurs frelatées d'une société vouée au déclin (le surréalisme n'était pas le seul à se mettre « au service de la Révolution », certains expressionnistes et dadaïstes l'avaient fait avant lui, en vertu des mêmes idées vagues sur l'influence *réelle* de la littérature terroriste). Or, si la Révolution attendue depuis des décennies a finalement éclaté — en Russie, et non là où elle était prédite —, l'avant-garde ne pouvait pas se vanter de l'avoir provoquée, ses manifestes n'étaient pas de ceux qui avaient fanatisé les foules, ses armes théoriques ne figuraient pas dans les arsenaux dont le peuple s'était emparé, son soulèvement esthétique n'avait joué aucun rôle dans l'insurrection, aussi maintenant n'avait-elle plus qu'à suivre les événements ou à s'en écarter, et de toute façon elle perdait la position « avancée » qui lui avait valu son titre guerrier (jusqu'à quel point elle a suivi en 1917 et après, pour quelles raisons souvent contradictoires, et à quel prix, c'est assurément une tout autre histoire, où la réalité reprend ses droits). Le nihilisme littéraire n'ayant jamais consisté qu'en mots, par la force des choses il est vrai, mais cette force-là était précisément l'une des lois contre lesquelles il s'était insurgé, l'avant-garde dut se résigner à changer ses moyens en fins, et comme la laideur était son moyen le plus provocant, elle en usa avec beaucoup d'ingéniosité pour forcer à voir sa beauté (un ouvrage de Max Brod publié en 1911 porte le titre significatif de *Die Schönheit hässlicher Bilder*, ou « De la beauté des images laides » ; Kafka avoue qu'il a aidé son ami à réunir les textes du recueil « sans bon sentiment », et on le comprend, personnellement il n'avait pas besoin de ce genre de provocation). Au point où nous sommes maintenant, nous serions tentés de penser qu'en cela au moins la rupture totale avec la tradition a totalement réussi, pourtant ce ne serait encore qu'une illusion, car au lieu d'avoir été durablement un sujet de scandale, conformément à sa vocation, la laideur a été presque aussitôt absorbée, puis estimée et admirée par ceux-là mêmes qu'elle devait horrifier. Eu égard à son but premier, c'est un échec, qui suffit à réfuter la dialectique de ses théoriciens : passée dans la littérature sans rencontrer grande résistance (naturellement la même chose vaut pour d'autres domaines de l'art, en partie pour les mêmes raisons), elle y est désormais si solidement installée que le personnage qui tient lieu aujourd'hui de « bourgeois », loin d'en être encore offusqué, sait discourir à son sujet tout aussi bien ou tout aussi mal qu'il le faisait naguère sur la beauté canonisée. En vérité, il y a déjà pas mal de temps qu'elle sert à son tour de canon, et personne ne s'attend plus qu'elle révolutionne quoi que ce soit dans l'ordre de la réalité, ou même dans le secteur propre de l'imagination.

L'avant-garde est donc finalement innocente

des graves dégâts dont elle voulait se charger. Elle n'a rien ôté ni rien changé au monde comme il va, et ce qui a été anéanti dans le même temps ne l'a pas été par ses manifestes incendiaires, mais par de vraies bombes lancées dans des guerres bien réelles (on a d'ailleurs tendance à oublier que le nihilisme ne penche pas toujours nécessairement à gauche, c'est l'*extrême* qui lui importe, et dans certaines circonstances l'extrémisme de droite n'a pas grand mal à le gagner : sans remonter jusqu'au romantisme allemand, dont les adeptes étaient soit farouchement contre, soit farouchement pour la Révolution de 89, on a vu des écrivains d'avant-garde se rallier à la guerre de 14, par la seule raison qu'ils attendaient depuis longtemps l'apocalypse dont le monde, selon eux, allait enfin sortir totalement régénéré ; et plus tard maint expressionniste notoire s'est reconnu au moins spirituellement dans le national-socialisme, lequel, à sa manière il est vrai, tendait lui aussi au néant).

Seulement en admettant que l'avant-garde ait manqué tous ses buts négatifs, qu'en est-il du positif ? Et maintenant que son champ de bataille n'est plus guère qu'un lieu historique, que peut-on, que doit-on mettre à son actif ? Par un paradoxe que l'on retrouve tout au long

de son histoire, précisément ce qu'elle n'a pas
voulu : des œuvres isolées, dues à des écrivains
absolument singuliers, et entrées depuis dans
la littérature de tout temps parce que, nées au
moment d'un puissant élan libérateur, et quelquefois grâce à lui, elles étaient faites de telle
sorte qu'elles ne pouvaient se conformer à rien,
pas même aux commandements de la non-
conformité. Si l'on voulait s'attacher à le vérifier, on s'apercevrait sans doute qu'à l'intérieur
d'un mouvement donné, il s'en faut de beaucoup que les plus grands livres soient ceux qui
appliquent le plus scrupuleusement les princi-
pes inscrits dans les ouvrages collectifs (parmi
les poètes et écrivains surréalistes, bien peu
répondraient en tout point aux impératifs abso-
lus publiés dans les *Manifestes*). En général
d'ailleurs, les vrais porteurs de la modernité
restaient en marge de l'avant-garde militante,
ils la côtoyaient de plus ou moins près et profi-
taient de l'extraordinaire bouillonnement
d'idées que le nouveau provoquait de tous
côtés, sans toutefois y adhérer ; et pour ceux
qui se décidaient à entrer dans le cénacle en
dépit d'un tempérament foncièrement rebelle à
tout esprit de système, le risque était gros de
s'attirer les pires anathèmes et d'être bientôt

rejetés, quand ils ne choisissaient pas plutôt de s'en aller.

Ainsi, bien qu'il fût proche des romantiques par sa disposition d'esprit et en partie par ses sources d'inspiration, Heinrich von Kleist n'a jamais fait partie du mouvement, et aux yeux des romantiques, cet « homme inexprimable », comme il s'appelait lui-même, était au fond aussi indéchiffrable qu'il l'était pour le public. Flaubert, tout en protestant contre l'idée même d'école, laissait le naturalisme se réclamer de lui, mais le cadre théorique du mouvement était bien trop étroit pour le contenir, et ce qu'il y avait d'absolu dans sa vision de la littérature échappait même à ses amis les plus avertis. Kafka vivait au voisinage immédiat de l'expressionnisme et ses œuvres de jeunesse en portent des traces reconnaissables, mais dès qu'il atteint sa maturité, on peut dire qu'il compose son œuvre en réaction contre le mépris du monde réel dont l'avant-garde contemporaine se faisait justement une règle (à propos d'un tableau du peintre expressionniste Kokoschka qui représentait Prague avec des maisons dont les toits s'envolaient, il fit observer que ce qu'il y avait de miraculeux dans Prague, ce n'était pas que la ville s'envolât, mais bien qu'en dépit de tous ses déchirements internes, elle restât solidement fixée au sol). Chez Brecht, la suspicion à l'égard de l'expressionnisme devenait positivement de l'aversion, pour des raisons d'ailleurs où la littérature n'était pas seule en jeu, le différend dans ce cas portant sur l'efficacité révolutionnaire de l'écrit, et non comme chez Kafka sur sa vérité. Si l'on voulait une autre illustration de cette marginalité des plus grands, on trouverait la meilleure peut-être, et sûrement la plus spectaculaire, dans le passage fulgurant d'Antonin Artaud chez les surréalistes, qui prouve encore combien l'avant-garde, en tant que mouvement nécessairement collectif, stimule et repousse tout à la fois ceux-là mêmes qui ne peuvent agir et écrire qu'en vertu de leur singularité.

Bien entendu il serait aventureux d'affirmer que le temps de l'avant-garde est définitivement révolu. Mais même s'il s'agit là d'une éclipse passagère, nous ne sommes pas dispensés pour autant de nous interroger sur la sorte de torpeur où la littérature actuelle est tombée. Est-ce fatigue, est-ce sagesse, est-ce pressentiment d'un avenir trop sombre pour être anticipé et décrit (mais les anciennes avant-gardes n'étaient jamais aussi vivantes qu'aux approches des grandes catastrophes), est-ce vague conscience d'un déclin qui ne peut plus être que subi ? Quoi qu'il en soit de cet engourdissement de la pensée littéraire et de la façon dont on peut l'expliquer, on devrait y voir un symptôme inquiétant, non parce que le manque du simplement nouveau est en soi chose néfaste — le nouveau naïvement réduit à sa nouveauté n'apporte jamais rien de décisif —, mais parce que sans lui et sans sa naïveté, justement, il y a peu de chances de voir se lever le Don Quichotte intrépide qui saurait mener contre l'ancien le vrai combat, sur le vrai terrain. Un combat d'abord tout intérieur qui, supposant une connaissance approfondie de l'adversaire et surtout l'usage de ses armes les plus éprouvées, serait aussi impossible, aussi nécessairement indécis que par le passé, mais où l'ancien traqué partout sans relâche, quoique invaincu, passerait enfin une part de ses pouvoirs à la modernité.

*

Que la tyrannie de l'ancien soit impossible à briser tant qu'on n'a pas le désir et la force de ladétecter partout, sous toutes les formes où elle parvient à se maintenir au-dehors comme en nous et jusque dans nos phrases les plus libres sur la liberté du nouveau, c'est ce qu'Alexandre Herzen avait déjà fort bien compris en méditant non pas sur l'avant-garde littéraire, mais sur le progressisme révolutionnaire et ce qui l'arrête toujours en chemin : « A l'intérieur de tout homme, il y a un tribunal révolutionnaire permanent, il y a un implacable Fouquier-Tinville et − chose essentielle − il y a une guillotine. Parfois le juge sommeille, la guillotine se rouille, et alors le faux, le romantique, le passé, le faible redressent la tête... Les gens ont peur de leur propre logique et quand, sans trop le vouloir, ils traînent devant leur tribunal l'Eglise, l'Etat, la moralité, le bien et le mal, ils s'efforcent tout de même d'en sauver des morceaux, des lambeaux de passé. Ils abandonnent le christianisme, mais ils préservent l'immortalité de l'âme, l'idéalisme, la providence... » Et Herzen ajoute : « La raison est implacable ; comme la Convention elle est sévère et sans hypocrisie... » C'est la santé même ; et cette résurgence du faux, du faible, du romantique et du passé sous les couleurs de l'avant-garde et de la révolution, que de nouvelles preuves consternantes ne pourrions-nous encore en donner, nous autres habitants d'un monde littéralement hors de ses gonds. Plus clairvoyant que la plupart de nos contemporains, le penseur russe du siècle dernier nous paraît seulement trop optimiste dans le rôle qu'il donne à la raison, car nous, depuis Freud, nous savons bien de quelles instances irrationnelles dépend fatalement notre tribunal révolutionnaire permanent, et en vertu de quels arrêts obscurs notre guillotine intérieure fonctionne si mal, presque toujours à contretemps.

*

Je suis fascinée par les pseudonymes. Que Gérard Labrunie signe Gérard de Nerval, Isidore Ducasse : comte de Lautréamont, Bakounine : Jules Elysard, Alexandre Herzen : Iskander, Oulianov : Lénine ; et que Stendhal et Kierkegaard élèvent la continuelle invention de faux noms à la hauteur d'une création, j'y vois de la part du publiciste ou du romancier non pas de la dissimulation, mais un aveu aussi sincère que naïf. L'auteur pseudonyme ne ment pas, quoiqu'il veuille bel et bien tromper, ou à tout le moins égarer son monde un instant. Il dit dans sa signature même ce qui est en fait son mobile le plus profond, par-delà les intentions et les idées qui constituent ses raisons de publier : le désir de remanier son état civil et de nier ainsi toutes les déterminations biologiques, psychologiques et sociales auxquelles l'être ne peut rien changer. Il dit sa volonté de rompre la chaîne des générations dans laquelle il est à jamais inséré, et en cela déjà il révèle sa vraie nature, qui est celle du romancier, indépendamment du domaine d'expression où il choisit d'œuvrer. En sorte que plus quelqu'un s'obstine à se retrancher derrière une fausse identité – qui au demeurant ne trompe personne, puisque tout le monde sait qui il est –, et plus il travaille à trahir sa vérité (sans doute les auteurs ont-ils toujours de bonnes raisons – censure politique, scrupules moraux ou religieux – pour ne pas signer de leur nom, mais il s'en faut de beaucoup que les considérations de prudence ou de convenance soient dans tous les cas seules à jouer : en ce qui concerne Kierkegaard par exemple, il est clair que sa manie du pseudonyme ne se justifie qu'en apparence par les circonstances de sa vie, en réalité, elle va exactement dans le sens de sa philosophie).

*

Cette tendance invétérée à se refaire une identité, qui fait positivement le romancier, certains écrivains la développent à un tel degré que, non contents de la libérer dans leurs livres, ils cherchent encore à la satisfaire dans leur vie, dussent-ils pour cela côtoyer la folie. De Joseph Roth, la romancière allemande Irmgard Keun, qui fut quelque temps sa compagne, rapporte qu'il s'était fabriqué « un passé auquel il croyait dur comme fer. A l'entendre il aurait eu au moins dix pères différents. Je me demandais quand viendrait le tour de l'empereur François-Joseph... ». La question ne manque pas de pertinence, mais la réponse y est déjà impliquée : pour Roth le tour de l'empereur était venu depuis longtemps, le souverain dont il portait en partie le nom était même le premier des pères que le petit garçon s'était sans doute donnés dans son enfance, les autres n'étant apparemment venus s'y ajouter que pour atténuer un peu le côté par trop grandiose d'une pareille mégalomanie (dans *la Marche de Radetzky*, l'un de ses plus grands romans, cette nostalgie d'une filiation impériale est fortement suggérée par l'extraordinaire ressemblance physique qui crée entre le père du héros et l'empereur lui-même comme une mystérieuse fraternité).

*

Le dernier livre de Roland Barthes sur la photographie — savait-il qu'il allait être effectivement le dernier et que nous serions bientôt réduits nous aussi, nous ses amis, à déchiffrer ses traits vivants sur des photos déjà vieilles et figées ? En lisant cette *Chambre claire* qui, outre sa beauté, m'a personnellement bouleversée, j'en ai eu bizarrement le pressentiment (c'était trois jours avant l'accident), mais, comme toujours en pareil cas, sans pouvoir démêler si la mort tellement présente dans et entre les lignes de l'ouvrage n'était encore qu'une image, ou si Roland Barthes y peignait déjà sa plus proche, sa plus vraie réalité.

*

On écrit toujours pour se protéger. De quoi ? Mais de la violence de la vie, et de la mort qui en est forcément la fin (même et peut-être surtout quand la violence est prise pour sujet). Naturellement, c'est une illusion, la forteresse de mots dans laquelle on se sent si bien à l'abri présente partout d'énormes brèches, par où toute la souffrance du dehors, tout le scandale de l'indicible n'ont pas de peine à s'engouffrer. L'expédient n'est de quelque utilité qu'aux époques où les assauts de la vie semblent provisoirement en suspens, autrement dit il ne sert à rien, puisque dans ces périodes de relâche apparente, il serait à la rigueur possible de s'en passer.

*

Non seulement la littérature n'est pas un

refuge contre les hostilités conjuguées de la nature et de la société, mais celui qui lui demande protection n'en est que plus désarmé devant les forces brutes de la vie. A peine fait-il un pas hors de son terrier rassurant que le monde entier lui saute au visage, il s'aperçoit alors que loin de l'aider à se faire une peau plus épaisse, son retranchement dans la littérature a achevé d'amincir la sienne et l'a laissé non pas en partie insensibilisé, comme il l'espérait peut-être, mais proprement écorché.

*

Je relis *le Degré zéro de l'écriture* et dès les premières pages je suis frappée de l'emploi systématique qui y est fait des majuscules, suivant un usage ayant eu longtemps cours, mais qui pour l'époque (1953) paraît déjà quelque peu suranné. Littérature, Ecriture, Forme, Objet, Lettres, Nature, Histoire, Valeur, Esprit, Ordre, etc., tous ces mots, constamment pourvus d'une initiale de majesté, inclinent la lecture dans un sens grandiloquent dont le texte est pourtant exempt. Pourquoi ? Pourquoi pareille accumulation d'entités où il ne s'agit en somme que de données toutes relatives et circonstancielles ? Il se peut que Roland Barthes n'y ait mis aucune intention et qu'il se soit simplement conformé à une habitude héritée (en particulier des surréalistes, qui eux aussi ont une prédilection pour les majuscules et les mots soulignés). On dira que ce n'est qu'un détail, sans doute, mais en matière de style, Barthes en serait tombé d'accord, il n'y a pas de détail insignifiant. Et je me demande tout de même ce qu'il adviendrait du livre une fois réimprimé selon l'usage typographique actuel, s'il y perdrait quelque chose d'essentiel ou si, retrouvant l'unité de ton que la surabondance des majuscules tend à rompre, il n'en tirerait pas plutôt grand profit.

*

La *Rage littéraire* d'Ossip Mandelstam. — Noté le genre de propos que se tenaient paraît-il couramment les symbolistes russes, à la fin du siècle dernier : « Comment allez-vous, Ivan Ivanovitch ? — Ma foi, pas mal, Piotr Petrovitch, prémortellement. » Portrait du professeur de lettres du poète, un homme « qui enseignait aux enfants, au lieu de la littérature, une science infiniment plus intéressante, la rage littéraire... Il se chauffait à la littérature, il frottait contre elle sa toison de cheveux roux et ses joues mal rasées. C'était un Romulus qui haïssait sa louve et qui, à travers sa haine, apprenait aux autres à l'aimer... ».

*

Ce n'est pas cette rage-là que je trouve dans les *Carnets* de Henry James, mais plutôt un affairement passionné, l'obsession laborieuse, incessante, d'un esprit que ses propres fictions ont fini par posséder. Quelquefois l'auteur se dédouble, se prend à témoin ou à partie, se pose des questions sur les intrigues qu'il est en train de nouer comme s'il en était non pas le créateur omniscient, mais le spectateur mal informé, réduit par son ignorance même à de vagues suppositions. De ce continuel examen des possibilités naissent des combinaisons infinies, et des personnages si subtils, si privés de poids et d'épaisseur que, presque désincarnés, ils ont la plus grande peine à se rencontrer. Ici le monde extérieur n'a pas accès à ce qui se passe, l'entourage de l'auteur n'est rien d'autre qu'un fournisseur d'intrigues éventuellement exploitables, un réservoir d'anecdotes et d'histoires où il puise à son gré, sans se croire tenu de les replacer si peu que ce soit dans leur contexte vivant. Comme on lui demandait « dans quel coin de terre ou autour de nous » il avait « déniché » ses personnages du *Motif dans le tapis*, James répondit : « Si la vie autour de nous, durant ces trente dernières années, récuse l'authenticité de ces exemples, tant pis pour la vie. » Le propos ne manque certes pas de grandeur, mais un pareil mépris de la réalité, même le partisan le plus enragé du prétendu « art pour l'art », même Flaubert en eût été effaré.

Une belle illustration du couple inséparable que forment chez le romancier l'orgueil et l'humilité : tandis que, d'un côté, James affirme catégoriquement la suprématie de ses créatures fictives sur la vie, il n'a de cesse qu'il n'amoindrisse la portée de son propos en qualifiant de « petit » positivement tout ce qui lui vient à l'esprit. Ma petite idée, mon petit scénario, petit mystère, petit drame, un petit joyau, une petite donnée, mon petit sujet, les petits secrets, le petit passé, la petite action et même la petite « cochonnerie » — c'est véritablement obsédant, on ne voit plus dans ces *Carnets* que ce *petit* qui vient à chaque instant dévaloriser esquisses et projets, et l'on se demande comment accorder pareille ostentation de modestie avec des ambitions qui, pour le reste, paraissent plutôt démesurées. Car en dépit de son insistance à souligner le « petit » dans toutes les choses qui lui sont inspirées, James ne doute ni de l'inspiration elle-même, ni de la mission dont il se sent chargé, au contraire il assimile ses efforts d'écrivain à « des luttes sacrées » qui lui assureront la possession du monde, si seulement il sait les mener (après s'être reproché « l'étrange crainte nerveuse de me laisser aller » qui l'empêche d'obéir au principe radical de sa création, il ajoute : « Que je triomphe de ma nervosité, et le monde est à moi ! »). Comme le « petit » ne va guère avec une pareille présomption, il faut admettre que le romancier n'y recourt si souvent que pour camoufler l'outrance de ses désirs profonds, sans doute encore plus grande que celle qu'il ose s'avouer. Seulement l'outrance ne se laisse pas aisément circonvenir, à peine est-elle écartée qu'elle reparaît par un biais inattendu, dans la répétition à l'infini de l'épithète la moins faite pour en donner l'idée.

✻

« La métaphore, dit Proust, c'est le style. » Mais quelle métaphore, et quel style ? En lisant *Givre et Sang*, de John Cowper Powys, j'ai été saisie par la prolifération insensée des images, dans un contexte déjà pour ainsi dire métaphorique en lui-même. Comment pourrait-on entrer dans une histoire où l'on apprend à propos d'un personnage que « ce qui la déconcertait, la troublait, c'était la passion frustrée de ce visage, pareil à un navire aux ponts couverts de grands canons noirs qui la visaient dans la brume » ? Ici les deux termes de la comparaison sont tellement disproportionnés que l'objet de la description en est tout simplement anéanti : qui pourrait voir encore un visage d'homme à travers ce formidable navire armé qui apparaît censément pour mieux en exprimer « la passion frustrée » ? Par son énormité l'image tue la vision, c'est vrai de toutes les métaphores qui pullulent à chaque page de ce curieux récit. Un lit grince-t-il quelque part ? Il faut que ce soit « comme les gonds d'une porte derrière un assassin en fuite ». Quelqu'un est-il dérouté par son interlocuteur, il le sent « aussi étranger qu'un gros crapaud caché sous une feuille de rhubarbe dans le jardin de Nell ». Qu'une femme pleure, et ses larmes « de la taille d'un œuf de roitelet se mirent à couler sur ses joues ». Comme l'assassin en fuite est beaucoup plus fort que le grincement d'un simple ressort ; que le gros crapaud caché sous une feuille de rhubarbe est beaucoup plus impressionnant que l'état d'âme qu'il est censé suggérer et que, par sa taille, l'œuf de roitelet l'emporte évidemment de loin sur toutes les larmes que peut verser l'œil humain, force est d'admettre que la métaphore ici ne sert pas à faire saisir son support matériel sous un aspect imprévu, mais bel et bien à l'anéantir. Avec cela elle opère systématiquement partout : jamais un personnage ou un objet n'est donné pour ce qu'il est, toujours il « ressemble à », est « comme » telle chose ou « aussi que... » telle autre, personne dans le récit n'est vu dans son autonomie et son intégrité, de sorte que tout passe dans tout, tout dans rien, et que seuls finalement les noms des gens et des lieux permettent jusqu'à un certain point de s'y retrouver. Je sais bien que ce perpétuel flottement des limites est dans l'esprit de l'auteur le sens même du roman — au demeurant le procédé ne manque pas d'efficacité, l'histoire est belle et sa magie ne laisse pas de fasciner —, mais le délire métaphorique la rend si éprouvante qu'on doit lutter pour continuer de s'y plonger.

Naturellement c'est là un cas extrême, dont le genre romanesque offre sans doute peu d'exemples aussi extravagants (même dans l'œuvre de Cowper Powys, *Givre et Sang* me paraît être assez exceptionnel). Mais justement, l'outrance du procédé attire l'attention sur ce qu'il dissimule fort bien quand il affecte des formes plus sensées : d'une part une certaine impuissance de l'écrivain à considérer l'objet, au double sens de le regarder en tant que tel et de le respecter ; et d'autre part l'empire irrésistible qu'exerce sur lui le système rhétorique dans lequel s'inscrivent spontanément ses perceptions et ses idées. Mais en vérité les deux sont liés : on écrit en images pour pallier une défaillance de la vision devant l'opacité de l'objet concret, ce qui conduit à s'enfermer plus que jamais dans des constructions verbales éprouvées, où rien d'extérieur ne risque de passer. Powys du reste semble en être conscient, car si variées soient-elles, toutes ses images ont la même particularité : elles déplacent sur le deuxième terme de l'analogie tout le poids de réalité dont le premier est privé, comme pour restituer à de quelconques objets extérieurs au récit — le navire aux ponts couverts de grands canons noirs, le gros crapaud caché sous une feuille de rhubarbe, etc. —, toute la *considération* qui, dans le récit même, est refusée aux choses inanimées comme aux êtres vivants.

Que la métaphore soit à la fois un pis-aller et une dangereuse tentation, d'autant qu'aucun discours n'y échappe entièrement, les écrivains les plus scrupuleux ou les plus réfléchis en ont toujours eu le sentiment ; certains l'ont dit, ainsi Kafka, qui écrit à l'encontre de Proust :

« Les métaphores sont ce qui me fait désespérer de la littérature », ou encore Flaubert, qui les compare — et même là apparemment il ne peut s'empêcher de comparer — à « des poux » dont sa prose est tout infestée.

D'ordinaire on ne va pas si loin, on se contente de juger la métaphore sur son plus ou moins grand degré de cohérence, ou plus vaguement encore sur sa teneur poétique. Pourtant à strictement parler le style métaphorique ne se justifie pleinement qu'à une condition : c'est qu'il parvienne à rendre également justice aux deux mondes distincts — le propre et le figuré — entre lesquels il entend jeter un pont. Pour atteindre ce haut niveau d'équité sans quoi le style reste sans force ni tenue, Kafka prend l'image au mot et la transforme en situation (*la Métamorphose* n'est qu'une métaphore animée, exploitée diaboliquement avec la dernière logique), ce qui lui permet de supprimer presque entièrement les *comme*, les *comme si* et tous les expédients rhétoriques grâce auxquels une prose approximative se donne si facilement une touche de poésie (la différence avec la rhétorique de Powys saute aux yeux : au lieu de comparer à un gros crapaud un homme ressenti comme étranger, Kafka exprime le sentiment d'étrangeté en changeant son héros en un coléoptère géant). Quant à Flaubert, qui d'après Proust ne crée que des métaphores « pauvres et banales », il ne laisse passer en effet que des images rigoureusement proportionnées aux objets et aux idées qui les ont suggérées, et cela non pas par manque de souffle poétique, comme Proust croit pouvoir le lui reprocher, mais parce qu'ici comme en tout, il met cette forme particulière d'équité qu'est la justesse du mot beaucoup plus haut que l'originalité.

∗

Mais c'est à l'autre bout de l'échelle littéraire, dans le roman policier genre vieille « Série noire » illustré par les Chase, Chandler, Hammett, que la métaphore révèle le mieux une certaine impuissance à saisir et à rendre les objets (encore que là elle soit aussi le moyen le plus simple de « tirer à la ligne », de surcroît en faisant de l'effet). D'abord elle y occupe une place énorme, ce qu'on s'explique mal puisqu'elle entraîne nécessairement un retard de l'action brute − et brutale − qui est le seul but de cette sorte de romans. Ensuite elle est constituée de telle manière que, loin de contribuer à montrer l'objet décrit sous un angle plus subtil, plus complexe, plus riche de nuances ou de significations, elle n'est jamais que redondance, soit qu'elle redouble l'idée première, soit qu'elle lui fasse subir une grossière amplification. « Son visage était aussi expressif qu'un derrière d'autobus », « les affaires étaient aussi calmes qu'une demoiselle au coin de son feu », « son rire était aussi discret qu'un coup de canon à longue portée », « le puzzle étendu devant moi m'intéressait autant que la souris morte que j'avais trouvée ce matin dans le piège » — dans toutes ces phrases, que je prends dans Chase, mais on en trouverait ailleurs à foison, la métaphore n'ajoute strictement rien à l'idée, elle se borne à la reprendre en gros, et dans le sens le plus attendu. On dira qu'on ne peut guère demander des images fortes à une littérature qui, n'ayant d'autre prétention que de distraire, ne compte pas le style parmi ses premiers soucis ; il n'empêche que la mauvaise métaphore n'est pas d'une autre nature que la bonne, simplement elle étale plus naïvement le côté superfétatoire ou la faiblesse de l'observation que la bonne met tant d'art à cacher et qui fait finalement de toute figure, fût-elle si juste et si pleine, un expédient de l'art toujours un petit peu suspect.

*

Art et spontanéité. — Cet homme atteint de

la danse de Saint-Guy qui lutte désespérément contre les prodromes de la crise, pour finir par céder à d'effroyables trémulations au beau milieu du pont Saint-Michel, Rilke s'identifie si intensément avec son pauvre corps convulsionné qu'il éprouve à deux reprises le besoin de l'évoquer. La première dans une lettre à Lou Andreas-Salomé, écrite visiblement sous le coup d'une émotion encore mal maîtrisée ; la seconde dans *les Cahiers de Malte Laurids Brigge*, où Malte décrit la scène comme l'un de ses souvenirs les plus terribles de la misère parisienne et de ses plaies cyniquement étalées. Or contrairement à ce qu'on pourrait croire en considérant la nature différente des deux textes, l'un étant personnel et immédiat, donc en principe spontané, l'autre impersonnel et savamment composé, c'est dans la lettre à Lou que l'histoire paraît le plus lourde et le plus maniérée, alors que dans les *Cahiers*, elle est contée avec cette justesse de ton et cette économie de moyens qui suggèrent sans peine une sorte de consubstantialité entre la chose vécue et la chose imprimée. Autant la version épistolaire semble affectée, en dépit de la relation directe qui est censée la justifier, autant celle de la fiction donne l'impression d'avoir jailli tout droit de l'événement, sans que sa matière ait été travaillée. Ici paradoxalement l'art fait vrai, alors que le premier jet est déjà à la fois trop littéraire pour être encore honnête et pas assez écrit pour créer puissamment l'illusion de la vérité. (Il faut dire aussi que dans sa lettre, Rilke utilise surtout l'inconnu et sa danse de Saint-Guy pour s'apitoyer sans vergogne sur lui-même, et cela en déguisant si mal ses buts que toute l'affaire en devient presque pénible. Du reste Lou ne s'y est pas trompée, choquée par cette façon de s'afficher et de se plaindre à travers la misère d'autrui, elle lui répond par un sévère sermon, allant peut-être ainsi dans le sens de ce qu'il cherchait et qu'en tout cas il n'avait pas volé.)

✳

Le verbe *mokusatsu* a paraît-il quatre sens différents en japonais : prendre note de quelque chose, traiter quelque chose par un silence méprisant, passer quelque chose sous silence, et rester sagement dans l'expectative (je traduis de l'anglais). Un verbe subtil, comme on voit, dont la polysémie trop riche serait à l'origine du bombardement de Hiroshima, c'est du moins ce que je lis dans le *Bulletin d'information de l'Association des traducteurs littéraires de France*, sous le titre : « L'erreur de traduction la plus tragique de l'Histoire ». En juillet 1945, les chefs alliés réunis à Potsdam adressent un ultimatum au Japon, en stipulant que « toute réponse négative entraînera une destruction immédiate et massive ». Désireux sans doute de gagner du temps, le Premier ministre Suzuki répond aux journalistes qui l'assaillent de tous côtés : *mokusatsu*, ce qui dans son esprit peut signifier qu'il prend note de la chose, mais ne fera pas de commentaires pour l'instant. Aussitôt les agences de presse internationales publient des dépêches d'où il ressort que le gouvernement japonais traite l'ultimatum par le mépris et ne juge même pas bon d'y répondre. Furieux, les Américains décident alors le châtiment suprême, et dix jours plus tard, ils larguent sur Hiroshima la première bombe atomique de l'Histoire. Le traducteur français qui rapporte cet incident mémorable observe avec bon sens que si, en l'occurrence, les interprètes sont les premiers fautifs, c'est en fin de compte sur Suzuki que pèse la plus lourde responsabilité : dans des circonstances aussi graves, il aurait pu choisir un mot moins ambigu que ce *mokusatsu* dont il connaissait forcément l'épineuse subtilité. Il aurait pu, certes, mais étant donné les sentiments qu'on est en droit de lui supposer, *mokusatsu* n'était-il pas le verbe le plus indiqué pour dire tout à la fois et son désir de temporiser, et son ressentiment à l'égard des vainqueurs, qu'il ne pouvait pas exprimer plus clairement ? Mais dans ce cas il n'y aurait pas à proprement parler de contresens : mus par une hostilité plus ou moins consciente en face de l'ennemi, les interprètes ont retenu des quatre acceptions possibles du mot précisément celle que Suzuki, plus ou moins consciemment lui aussi, avait choisi de faire passer sous le couvert de son silence. Ils ont simplement répondu par une option tendancieuse à une pensée qui ne l'était pas moins au fond, et pour finir ils ne se sont pas trompés, puisque, ayant parfaitement démêlé l'arrière-pensée de leur interlocuteur, leur erreur est devenue le révélateur de la vérité. Assurément s'ils avaient une conscience professionnelle et une conscience tout court tant soit peu chatouilleuse, ils ont pu se le reprocher. Mais on voit à cet exemple de traduction diplomatique combien les traducteurs littéraires sont privilégiés, car tandis que n'importe lequel d'entre eux, forcé de choisir entre les différents sens d'un même vocable qui, quoique voisins, sont séparés par des nuances sémantiques décisives, est exposé à ce genre de méprises du seul fait qu'en l'absence d'une certitude linguistique, il ne peut trancher que selon la pente de ses propres désir et de ses propres idées, ses petites ou grandes trahisons n'ont jamais la moindre importance, d'abord parce qu'elles ne risquent guère de provoquer des catastrophes mondiales, et puis surtout parce qu'en matière de littérature, les pires bévues ne relèvent d'aucun tribunal.

*

Les glissements sémantiques que subissent les mots en passant dans une autre langue pourraient en dire long sur la psychologie des peuples, si on prenait la peine de les analyser. De prime abord on les croirait surtout péjoratifs, ils le sont souvent, c'est exact, mais à côté d'un « sidi » complètement dévalorisé, ou de la « caboche » que nous tirons de l'honnête *cabeza* espagnole, il faudrait citer le *Frühstück* allemand, qui nous fournit un « frichti » plutôt gentil, et combien d'autres qui paraissent parfois plus sensibles ou même plus réalistes que le mot de la langue originale. Ainsi le « camélia » russe désigne une femme richement entretenue, et notre « dentiste », passé tel quel en russe, n'a plus rien à voir avec les dents, mais uniquement avec la brutalité qu'impliquait jadis son métier. Je lis dans l'appendice de

Récits, chroniques et polémiques de Dostoïevski (édition de la Pléiade, p. 1726) qu'en 1957 encore, le Dictionnaire de la langue russe de l'Académie des sciences de l'URSS définissait le dentiste comme un homme « qui applique à ses subordonnés la justice sommaire à coups de poing » — ce sens étant donné il est vrai pour familier et vieilli.

*

A la Pointe d'Alacrité. — C'est l'enseigne d'un bistrot de Charenton situé non loin de la Maison nationale, dans l'une de ces vieilles bâtisses noircies par l'âge et la misère, dont on s'étonne qu'elles tiennent encore vaguement debout. Sans même parler de la proximité de l'établissement psychiatrique, qui n'est certes pas gai, l'endroit est tellement sinistre en soi que l'idée d'alacrité est bien la dernière qu'on songerait à y associer. Depuis des années je vois ce bistrot et son enseigne en passant sur l'autoroute — sans doute ne le verrai-je jamais de près — et pendant longtemps j'ai admiré l'imagination provocante, ou l'humour vraiment noir, qu'il fallait supposer à l'œuvre dans une pareille invention. Jusqu'au jour où j'ai lu quelque part que la Pointe d'Alacrité était un ancien quartier de Charenton, ce qui m'a causé une petite déception, parce que cela ôtait au propriétaire du bistrot une bonne part de son mérite poétique, sans que l'énigme en fût plus claire pour autant.

*

Combustion spontanée. – Cette histoire de l'alcoolique qui prend feu et se consume entièrement, de sorte que ses restes se réduisent à une poignée de cendres ou à une petite mare de liquide gluant, je ne parviens pas à m'expliquer pourquoi les romanciers l'ont si souvent exploitée, en dépit de son évidente insanité. Je l'ai trouvée pour ma part dans *le Docteur Pascal* de Zola, dans un conte normand de Maupassant, dans *Redburn* de Melville et ces jours-ci dans *Bleak House* de Dickens, où elle s'aggrave du reste d'un commentaire satirique assez pesant, tourné par avance contre tous ceux qui seraient tentés de la réfuter. D'où vient la fascination que cette histoire abracadabrante semble exercer sur des esprits aussi différents les uns des autres par l'origine, la langue, la nature de l'inspiration, mais également sourcilleux sur le chapitre de la justesse et de la véridicité (d'autant qu'ici il ne s'agit pas d'une vision fantastique, mais bien d'un accident donné pour vrai) ? Alors que d'ordinaire, on peut toujours au moins entrevoir les motifs tendancieux, conscients ou latents, qui font le succès de certaines superstitions et de certains préjugés, en l'occurrence on ne voit vraiment pas quelle sorte de désir, quel intérêt ou quelle passion pourrait conduire à soutenir pareille absurdité. Le plus simple serait encore d'admettre que le romancier se borne à mettre en scène la plaisanterie populaire que suggère souvent l'ivrogne invétéré : si l'on approchait une allumette de sa bouche, il prendrait feu ; mais ce n'est là qu'une façon de parler, qui ne dit que ce qu'elle dit et ne gagne rien à être illustrée. Les quatre auteurs que j'ai cités traitent du reste la scène sans la moindre trace d'ironie, au contraire ils la rapportent avec un sérieux positivement scientifique, comme un fait d'expérience dont il n'y a pas lieu de douter. Et c'est ce sérieux qui donne à penser (par surcroît je n'en connais que quatre, mais rien n'empêche de supposer qu'il y en a d'autres, peut-être beaucoup d'autres dans la littérature mondiale ; dans ce cas, qu'il serait intéressant de vérifier, le problème de cette bizarre croyance à la combustion spontanée demanderait vraiment à être creusé).

✳

A ce propos, le traducteur de *Bleak House*

(en français *la Maison d'Apre-Vent*, collection de la Pléiade) note qu'un ami de Dickens, un certain Frederic Marryat, avait dès 1834 traité le même sujet. Il rappelle également que l'ami de la romancière George Eliot tenait l'intelligence de Dickens en piètre estime précisément à cause de son ivrogne consumé et, surtout, de son obstination à faire passer sa fantaisie pour une vérité scientifique. Il faut avouer qu'il y avait un peu de quoi, du reste il y aurait encore beaucoup à dire sur les relations somme toute assez bonnes qu'entretiennent parfois sottise et génialité.

✻

Valéry notait que « tout le monde tend à lire ce que tout le monde aurait pu écrire ». Sans doute était-ce vrai de son temps, mais ce l'est sûrement du nôtre, où les choses d'ailleurs sont telles qu'il faudrait encore ajouter : « Tout le monde écrit pour avoir lu ce que tout le monde aurait pu écrire. » Chaque lecteur d'aujourd'hui est ou peut se croire un auteur en puissance, la frontière entre consommateurs et producteurs est de plus en plus facilement franchie, et si cette évolution devait continuer, le foisonnement de l'imprimé auquel nous assistons pour le moment viendrait à prendre des proportions inouïes. Que l'on s'en réjouisse ou non, le fait est que seule une crise extérieure le forcerait à se modérer : de l'intérieur, la littérature est déjà impuissante à le contenir.

*

La Grandeur inconnue, de Hermann Broch. — Un livre manqué, et par la seule raison, je crois, que le roman ne s'accommode pas de situations et de personnages trop étroitement spécialisés. Naturellement l'auteur n'est pas de cet avis, pour lui le fait que son héros soit un mathématicien, très obsédé de surcroît par les problèmes spécifiques de sa recherche, ne l'empêche nullement d'incarner un débat essentiel touchant la généralité. Aussi lui impose-t-il deux tâches ardues qui, quoique distinctes, devront être accomplies ensemble : trouver le chemin qui mène d'un secteur particulier de la science — en l'occurrence les mathématiques à une époque de trouble et de révolution — à la connaissance totale sans quoi toute science partielle est vaine ; et puis organiser sa vie de manière à concilier son destin personnel avec ses aspirations à l'universel. Un beau programme, comme on voit, mais un programme, justement, c'est-à-dire quelque chose de trop strictement défini pour donner lieu à une action vivante. Pris dans des problèmes qui le concernent seul avec une poignée de gens dans le monde, le héros en effet n'a rien d'autre à faire que de penser tout haut, et comme en tant que non-initié, on n'a ni l'envie ni la possibilité d'entrer dans ses spéculations, on se laisse finalement distraire par les personnages de second plan, qui eux, n'ayant aucun message à délivrer, parviennent tout juste à vivoter dans des coins du roman presque abandonnés. Si bien que paradoxalement, le peu d'intérêt qu'on réussit à gagner sur l'ennui ne va pas au héros animé de si nobles soucis, mais aux figures secondaires que l'auteur a à peine esquissées. C'est que le roman, qui a toujours besoin soit de types doués d'une valeur tout à fait générale, soit de personnages fortement individualisés, n'a pas l'emploi d'un spécialiste à la conscience tourmentée, et tourmentée à l'intérieur du même domaine réservé. En considérant ce Richard Hieck, dont le drame est proprement inintelligible, on se dit qu'il aurait peut-être eu une chance de briser l'indifférence du lecteur si, devenant le Balthasar Claes des mathématiques, il avait su pousser sa recherche jusque dans la folie.

*

Avec cela il semble bien que ce défaut de constitution de sa *Grandeur inconnue*, Broch ne laisse pas de l'avoir pressenti. Dans son long essai sur *James Joyce et le temps présent*, il écrit en effet : « Lorsque, par exemple, Gide utilise le roman comme récit à tiroirs pour des digressions psychanalytiques ou d'autres digressions scientifiques, ce procédé ne parvient encore à aucun modernisme. » Combien c'est vrai, mais alors, faut-il admettre qu'il s'est fourvoyé sciemment, ou en s'imaginant faire tout autre chose qu'un roman prétexte à digressions de spécialistes ? On dirait plutôt que, connaissant fort bien les causes de son échec, il en dissimule l'aveu sous la critique d'un autre romancier, par souci peut-être de ne pas se mettre en avant (j'allais écrire par humilité, mais non, ce mot convient mal à cet homme qui, sans se vouloir écrivain au sens plein, chargeait son œuvre des plus hautes fonctions de la mythologie).

*

Si les romans de Broch pèchent par un excès de subordination à un programme intellectuel préétabli, en revanche ses essais souffrent d'un trop-plein d'images et d'idées, qui créent un sentiment pénible de confusion. Faisant partie de ces esprits encyclopédiques qui, quoique clairs et bien faits, deviennent brouillons à force de voir partout correspondance et analogie, Broch ne peut pas parler d'un auteur contemporain — Joyce ou Hofmannsthal, par exemple — sans embrasser tout l'horizon des sciences et des lettres depuis Homère jusqu'à Nietzsche et à Wagner, en passant par tout ce qui porte encore un nom dans la culture d'Occident. Et non seulement ce déploiement de connaissances et de citations s'accomplit sans la moindre méthode, mais il aboutit à des énoncés péremptoires sur la morale et l'esthétique qui, ne reposant que sur eux-mêmes, tendent à donner à de simples opinions tout le poids d'une légalité. Ainsi il décide que « pour le roman, Zola est beaucoup plus important que Flaubert » — en quel sens, en vertu de quelles lois littéraires et dans quelle conception du genre romanesque en général, cela pourrait se discuter, mais justement il n'en est pas question, l'auteur se borne à une affirmation autoritaire qui, étant inaccessible à toute preuve, prend aussitôt la valeur d'un décret. Ailleurs il affirme tout aussi catégoriquement qu'en face du mysticisme du langage propre à Joyce, « celui de Flaubert fait l'effet d'un pédantisme de maître d'école », là encore sans s'expliquer sur le bien-fondé de sa comparaison, sans autre justification que ses propres préférences et ses propres aversions (qu'il n'aime pas Flaubert, c'est évidemment son droit, mais puisqu'il prétend à beaucoup plus qu'à une critique d'humeur, on est fondé à lui demander pourquoi). Quant à Kafka, auquel il se réfère avec prédilection, il écrit à son sujet, ou plutôt en prenant sans vergogne la parole pour lui : « Il a atteint le point où il faut choisir entre deux termes : ou la littérature sera capable de s'engager dans la direction du mythe, ou elle fera banqueroute. Kafka, dans son pressentiment de la cosmogonie, de la théogonie nouvelle qu'il avait à réaliser, luttant avec son amour et son dégoût de la littérature et sentant l'ultime insuffisance de toute approche par le moyen de l'art, décida (comme fit Tolstoï confronté à pareille décision) d'abandonner le royaume des lettres et demanda que son œuvre fût détruite. Il le fit dans l'intérêt de l'univers dont la nouvelle idée mythique était déposée en lui. » Tout cela sonne bel et bien, malheureusement chaque mot ou presque procède d'une contre-vérité. Kafka, qui ne manquait certes pas d'alternatives insolubles dans sa vie, n'a justement jamais exprimé cet « ou bien... ou bien » — ou la littérature sera capable... ou elle fera banqueroute — que

Broch tient pour décisif ; s'il avait le pressentiment d'une cosmogonie et d'une théogonie nouvelles, qu'il avait à réaliser, il ne s'en est jamais
ouvert à personne, et ce qu'on en voit dans ses
trois romans, à supposer qu'on veuille les
considérer de ce point de vue, ce serait plutôt
une satire féroce de ce genre d'entreprises
démesurées ; il n'avait pas à lutter avec son
amour et son dégoût de la littérature, mais il
était de son propre aveu littérature de la tête
aux pieds, et s'il est vrai que son exigence absolue ne le portait que trop souvent à désespérer
de son travail, le mot de « dégoût » est bien le
dernier que la littérature en général lui eût
jamais inspiré. Enfin non seulement il n'a
jamais décidé d'« abandonner le royaume des
lettres », mais il a écrit littéralement jusqu'à
son dernier instant (la veille de sa mort il corri-
geait encore les épreuves du *Verdict*) ; et pour
ce qui est de sa volonté de détruire son œuvre,
qui reste très ambiguë du seul fait qu'il en a
confié l'exécution à son plus fervent admira-
teur, il ne l'a pas prise parce qu'il sentait « l'ultime insuffisance de toute approche par le
moyen de l'art », mais bien parce que son art à
lui lui paraissait trop imparfait, et surtout trop
inachevé, pour réclamer le droit de passer à la
postérité (du reste ses instructions à Max Brod

ne portaient que sur ses œuvres posthumes, le reste pouvait subsister, il ne voulait, disait-il, donner à personne la peine de les mettre au pilon). Voilà comment, et au profit de quel présupposé métaphysique, un contemporain de Kafka averti, et très proche de lui au moins par la langue et la géographie, escamote sa singularité en quelque sorte organique, et par là même l'authenticité de ses écrits. Sans doute n'est-il pas le seul à pratiquer ces détournements de sens par quoi l'art de Kafka, ramené à une banale métaphysique romancée, n'est plus qu'un élément accessoire, qu'on se hâte d'écarter. Il n'est pas le seul, mais en ce qui le concerne personnellement, il faut vraiment se féliciter qu'il n'ait pas eu à prendre la décision dont Max Brod s'est courageusement chargé, car selon son interprétation des relations de Kafka avec son œuvre, il eût dû logiquement tout brûler.

*

Etant enfant, il m'arrivait souvent de prononcer un mot — Paris, par exemple, mais n'importe quel autre faisait l'affaire, pourvu qu'il fût très courant — en détachant chacune de ses syllabes et en les maintenant séparées, jusqu'au moment où le mot, réduit à deux ou trois tronçons, devenait non seulement inintelligible, mais étrange, étranger, de plus en plus inquiétant. Si l'opération durait assez longtemps, elle provoquait une sorte d'état de dépersonnalisation qui finissait par m'affoler, bien qu'en un certain sens je l'eusse sans doute désiré. Je ne saurais pas dire à quel âge cette expérience à la fois crainte et recherchée a pris fin, mais un beau jour elle a complètement cessé — le jour peut-être où la frontière entre le dedans et le dehors étant relativement bien fixée, les mots eux-mêmes ont perdu leur pouvoir de se dissocier et ont rejoint pour l'ordinaire des jours, sinon des nuits, le monde des choses solidement délimitées.

✳

Je me rappelle pourtant avoir éprouvé bien plus tard un sentiment un peu comparable, quoique moins intense naturellement, en écoutant Antonin Artaud réciter certains de ses poèmes à onomatopées, où des fractions de mots inexistants n'ont de sens que par leur scansion et leur sonorité. Je dis bien en l'écoutant, non en le lisant, à cet égard les mots de papier restaient sans effet, il y fallait la voix du poète et de l'acteur, dont aucune lecture ne peut donner l'idée.

*

Correspondance de Léon Trotsky et de sa femme Natalia, 1933-1938.— Un curieux document, où l'on ne trouve presque rien de ce qu'on attend d'un personnage ayant fait dans l'histoire mondiale un si grand tapage. Peu de politique, presque pas d'allusions aux événements contemporains, pas de vues théoriques, et même en dehors de la politique, pas d'idées — c'est encore ce qui surprend le plus chez cet intellectuel de haute volée. Dans les lettres qu'il écrit chaque jour à Natalia toutes les fois qu'ils sont séparés, Trotsky apparaît comme un homme un peu grognon, un peu souffrant, du reste très inquiet de sa santé, voire enclin à l'hypocondrie (à une époque où, pourchassé de tous les pays, il est menacé par des dangers autrement plus pressants, la suite ne tardera pas à le prouver). Excessivement attaché à sa femme, il lui exprime son amour sur un ton passionné, et une fois même franchement obscène, qui tranche du tout au tout sur l'extrême réserve que l'on connaît à son style habituel (on dira qu'il s'agit là d'une correspondance strictement privée, mais Natalia était elle-même une militante chevronnée, et entre ces deux êtres unis dans l'action, on s'attendrait tout de

même à autre chose qu'à un échange de ten-
dresses et de petits noms gentils). Au demeurant cet amour conjugal ne va pas sans drame,
à une certaine époque Trotsky accable sa
femme de violentes scènes de jalousie (bien
qu'il ait une maîtresse de son côté) pour une
histoire vieille de vingt ans qui, si douteuse
qu'elle soit, ou justement parce qu'elle l'est,
revient continuellement le hanter ; si bien que
pendant ces années qui vont sceller son destin,
ce n'est pas Staline, son persécuteur bien réel,
mais un persécuteur imaginaire qui lui cause
les pires tourments. De même il s'accuse et se
lamente et pleure à chaudes larmes sur son
papier — non pas du tout comme on pourrait
croire à cause des affaires du monde qu'il a si
fortement contribué à mettre sens dessus dessous, mais parce qu'il a honte de sa jalousie,
parce qu'il fait souffrir celle qu'il aime et ne
peut pas s'en empêcher, enfin parce qu'il a peur
de la décrépitude et de la maladie. Toutes faiblesses plutôt touchantes, qui le font voir assurément sous un jour beaucoup plus sympathi-
que que ne le laisse supposer sa figure historique, mais qui vont aussi beaucoup plus loin que
« l'humain, trop humain » qu'on se complaît
toujours à déceler chez les personnages hors
série. Car enfin Trotsky n'est pas n'importe

quel grand homme parmi d'autres, il est l'un de ceux qui ont le plus fait pour ébranler les assises du monde, et cela en se servant d'une philosophie politique déterminée, remarquable en particulier par son mépris, voire par son déni de toute subjectivité. Dans cette négation des forces vives de l'affectivité, le révolutionnaire intégral devait donc être l'homme sans ombre que Trotsky paraît être en effet — au prix de quelles énormes mutilations, c'est justement ce que ces billets écrits au jour le jour et à la diable permettent de mesurer.

*

Avec sa surabondance d'adjectifs et ses litotes savamment calculées, le langage diplomatique est apparemment en train de se généraliser. Il n'y a pas de réunions entre des parties, pas de rencontres entre chefs de quelconques organisations, qui ne se terminent par un communiqué stipulant que les entretiens ont été « cordiaux, ouverts et constructifs » (avec des variantes strictement codifiées auxquelles les « responsables » les plus divers semblent déjà être initiés). Ainsi le pape qualifie les récents événements de Pologne de « graves et importants », en quoi il met l'accent sur une particularité constante de ce genre de déclarations : la bizarre fonction du *et* entre des adjectifs qui sont ou bien redondants, ou bien discordants, ou bien juxtaposés selon une gradation contraire à la logique et à l'usage commun. Dans le langage de la vie, si je puis dire, « graves et importants » passerait à bon droit pour une ineptie, puisque le grave, impliquant l'important et non l'inverse, devrait suffire à indiquer la gravité ou bien alors venir en dernier. Mais ici naturellement il ne s'agit pas du tout de se montrer conséquent, l'essentiel est de trouver rapidement la formule qui permette le mieux de paraître se prononcer sur des faits de l'actualité — tout en se réservant prudemment sur tout ce qui pourrait encore arriver.

*

Les locutions figées par l'usage ont ceci de bon que, n'ayant rien à dire que de connu, elles se prêtent bien mieux que les autres à toutes sortes d'utilisations oniriques sans rapport avec leur contenu. On peut les prendre au pied de la lettre, les décomposer en redonnant du poids à chaque mot, modifier une ou plusieurs de leurs composantes, ou bien encore les mettre en scène afin de les animer (le cinéma et le dessin satirique ont eu souvent recours à ce procédé, qui du reste est vite usé). Issues d'une pensée collective à son plus bas niveau d'exigence intellectuelle, elles sont formées d'une substance si légère qu'elles incitent facilement à rêver, j'en ai fait une fois de plus l'expérience récemment, en inventant en rêve une montre « à raison de santé ». L'objet à première vue n'avait rien d'extraordinaire, sauf son nom, dont je ne comprenais pas le sens, mais qui dans mon esprit devait déterminer sa destination. Voulait-il dire que la montre marchait plus ou moins bien selon que l'on était malade ou bien portant ? Que les aiguilles n'étaient pas là pour indiquer les minutes et les heures, mais pour avertir son possesseur de ce qui se passait dans son corps ? Ou au contraire que la montre elle-même ne s'engageait à bien marcher qu'à raison de son propre état de santé ? Je n'en savais rien et je ne me le demandais pas trop clairement, je voyais seulement entre mes mains une petite montre en or ou peut-être dorée, dans le boîtier de laquelle était fichée une mince pièce de métal vaguement dentelée. J'attribuais à cette pièce minuscule une fonction décisive dans le mécanisme de l'ensemble, et d'autant plus que je ne pouvais en imaginer ni la place, ni l'emploi. Mais à peine l'avais-je entr'aperçue que je constatais sa disparition, apparemment je l'avais déjà perdue, et comme

à tort ou à raison je lui attribuais une valeur
décisive, j'en étais terriblement affectée.

*

Lire, quelquefois, c'est se frayer à grand-
peine un chemin dans de la poussière de para-
graphes à travers des carcasses de mots. Et
combien de livres morts ou moribonds abandonnés en cours de route...

*

A propos d'un colloque qui s'est tenu à Tunis,
le Monde publie dans sa page « Idées » un article intitulé « La politique des prophètes ». Et là
on rapporte entre autres choses qu'en Maurita-
nie, on a récemment coupé la main d'un voleur,
en vertu d'une loi bien connue qui ne paraît pas
demander des gloses bien compliquées. C'est
une erreur, en elle-même la main coupée n'a
pas beaucoup de signification, elle ne livre tout
son sens qu'après avoir été convenablement
interprétée. L'auteur s'interroge en effet sur ce
qu'il faut « lire dans cette exaspération de la foi
jointe au scandale de la charité », et il cite à ce
propos l'avis d'un des participants, qui conçoit
la main coupée comme « répression-symbole
pour dépasser la mièvrerie conformiste de la
pensée moderniste ». La phrase est admirable

dans chaque mot, mais le plus beau dans cette glose si bien intentionnée, c'est la façon vraiment prodigieuse dont s'y opère un retournement total de la situation ; contrairement à ce qu'on croirait naïvement, ce qui compte dans le supplice n'est pas sa réalité, mais un symbole infiniment plus vaste que le simple fait de la chair mutilée. De même il n'est qu'accessoirement punition d'un forfait, en vérité il a une tout autre finalité, puisqu'il a lieu *pour* « dépasser la mièvrerie conformiste » de notre droit à nous autres, pauvres modernes timorés (bien entendu le conformisme est de notre côté, il serait malséant de le chercher dans une forme de pensée qui, par tradition, érige la tyrannie du collectif en autorité absolue). Ne voyons donc pas dans cette pratique du talion la preuve d'une survivance archaïque dont la plupart des peuples ont fini tant bien que mal par se libérer. Ne croyons pas non plus qu'ici on mutile encore le voleur pour l'exemple, ou plus sûrement pour l'empêcher de récidiver, non : on nous offre en quelque sorte son supplice en vue de notre propre édification, pour nous faire honte de notre pusillanimité et nous ramener enfin sur le chemin du véritable progrès.

*

« Moi, je... ». — Ce tour de phrase relève toujours de la provocation, même et surtout quand ce qui suit met l'accent sur des traits déplaisants ou franchement négatifs. Un philosophe célèbre m'a dit un jour dans des circonstances amusantes qui justifiaient assez le propos : « Moi, je suis hypocrite », sur un ton à la fois plaisant et sérieux, qui toutefois ne permettait pas de démêler s'il se vantait de sa particularité ou s'il se bornait à la constater froidement. Sans doute y avait-il des deux, comme dans tous les cas où il ne s'agit nullement de discuter ou de convaincre, mais de créer une situation embarrassante, dans laquelle l'autre est englué. Qu'il annonce une quelconque prédilection, une aversion sans intérêt pour la généralité, un grave défaut ou une vraie qualité, le « moi je » ainsi lancé comme un défi a pour premier effet de ne donner prise à aucun enchaînement : destiné à couper court à toute espèce de dialogue, plutôt qu'à l'alimenter, il affiche en effet une conscience de soi si haute et si sereine que l'interlocuteur ne se sent pas le cœur de le réfuter, et quand bien même le moi si content de lui exhiberait une habitude répugnante ou le plus odieux des péchés.

*

Ambiguïté du « néo ». — Du seul fait qu'il se réclame de quelque chose qui l'a précédé, pour le renouveler sans doute, mais aussi en soulignant sa volonté de renouer avec une certaine portion du passé, le *néo* se trouve du même côté du temps que le *rétro*, à ceci près toutefois qu'il utilise l'anachronisme pour faire neuf, tandis que le *rétro* cherche à se donner des airs d'ancien, sans vouloir réellement tromper.

*

Le joueur d'échecs et le matérialisme historique. — Walter Benjamin évoque dans un petit apologue ces automates truqués qui étaient censés jadis jouer aux échecs et triompher des joueurs les plus exercés. En vérité, la main de l'automate était mue par un nain caché sous la table, un très bon joueur nécessairement, qui déplaçait les pièces à l'aide d'un système de ficelles. « On peut, écrit Benjamin, se représenter en philosophie une réplique de cet appareil. La poupée appelée "matérialisme historique" gagnera toujours. Elle peut hardiment défier qui que ce soit si elle prend à son service la théologie, aujourd'hui petite et laide, on le sait, et qui au demeurant n'ose plus se montrer. » L'apologue est divertissant, mais pour le rendre utilisable actuellement, il y faudrait de sérieux correctifs ; car le nain « théologie » n'est plus si petit, ni si laid, il éclate même de santé, et non seulement il n'a plus honte de se montrer, mais il semble bien décidé à mener son propre jeu, de sorte que la poupée « matérialisme historique », assez endommagée de surcroît, n'est plus du tout sûre de gagner. Quant à l'appareil qui sert de support à la parabole, il n'est plus en état d'exercer sa fonction et nos ordinateurs compliqués, qui le remplacent désormais, ne sauraient se prêter à la même utilisation : ce sont des partenaires incapables de tricherie, qui ne pensent qu'à conduire correctement leur partie ; d'honnêtes machines qui ne trompent personne et ne lancent aucun défi, encore que rien ne prouve que demain, peut-être, elles ne puissent l'emporter à tout coup sur le champion humain.

*

Dialogue. — L'un de ces mots qui tiennent d'autant plus de place dans les discours que la chose elle-même, devenue problématique, n'existe plus guère que dans le domaine des souhaits. C'est bien parce qu'il a cessé d'être naturel que le dialogue est invoqué partout et que l'on se réfère à tout bout de champ à sa nécessité. Non que les occasions de parler se soient tout à coup raréfiées, au contraire il n'y en a jamais eu d'aussi nombreuses et d'aussi variées, mais plus les face à face, les entretiens, les interviews et les colloques tendent à se multiplier, et moins semble-t-il on est capable de causer, plus le dialogue auquel on aspire a de peine à s'engager. Il est vrai que cette carence difficile à cerner reste assez peu sensible dans la vie quotidienne, vu le flot de paroles qui continuent de s'y déverser. Mais que ce ne soit là qu'une illusion entretenue par l'optimisme officiel, c'est ce que montre toute une part de la production romanesque récente, où le style dramatique, jugé naguère indispensable au récit, est pratiquement inutilisé.

Il n'est pas besoin de chercher beaucoup pour constater que dans la plupart des romans publiés ces dernières années, le dialogue n'occupe plus qu'un espace très restreint, quand il n'est pas totalement éliminé : la typographie suffit à le prouver. On ne trouve même plus l'échange verbal sous la forme du fameux dialogue de sourds dont on abusait tant à la scène et ailleurs voici quelque trente ans ; et comme rien ne peut le remplacer, c'est évident, le texte ne forme plus qu'un gros bloc de morceaux narratifs qui semblent faits tout exprès pour empêcher les divers personnages non seulement de communiquer entre eux, mais même de se côtoyer. Plus de dialogues, plus de relations immédiates entre les partenaires, plus de comédie ni de drame enfin, rien que d'interminables « tunnels » dont on attend impatiemment de voir le bout. Le roman y laisse assurément pas mal de chaleur et de vie, cependant ce n'est pas sans raison que le romancier renonce ainsi à faire parler ses gens ; quelles que soient les théories derrière lesquelles il se retranche quelquefois, il n'est encore en cela que le truchement involontaire de son temps. Un truchement honnête en quelque sorte malgré lui, mais qui gagnerait sûrement beaucoup en profondeur et en vérité s'il savait mettre le langage en question dans la trame même de son histoire, au lieu de n'y être que la victime passive de sa propre impossibilité de dialoguer.

*

Que la façon dont on traite le dialogue dans le roman reflète exactement les tendances profondes d'une époque donnée, on le voit très bien en comparant les productions d'aujourd'hui avec celles du XVIIIe siècle finissant, dans lesquelles l'action est supportée essentiellement par des gens en train de converser. Le dialogue est alors si essentiel au roman que

Laurence Sterne peut poser en règle dans son *Tristram Shandy*, qu'« écrire des livres, si on sait les prendre par le bon bout,... c'est simplement donner un autre nom à la conversation... » (un principe dont *Jacques le Fataliste* de Diderot fournit également une belle illustration). Il ne faudrait pourtant pas conclure de cette définition que Sterne prenne naïvement la conversation comme un moyen d'échange cohérent, permettant aux interlocuteurs de s'expliquer à fond sur leurs mobiles, leurs opinions, le sens qu'ils donnent à leurs actes et à leur vie. Tout au contraire, constamment brisée par des digressions qui l'entraînent de tous côtés ; interrompue par les interventions du héros-narrateur qui s'adresse tout à trac à un lecteur fictif et noue avec lui un dialogue intempestif ; condamnée par là à rester sans queue ni tête et cependant parfaitement sensée dans le détail, la conversation pratiquée par *Tristram Shandy* est destinée à démontrer, et l'impossibilité de communiquer, et l'illusion qui permet à tout instant de l'ignorer. En ce sens le roman de Sterne, si caractéristique qu'il soit d'un siècle raisonneur, tout à la fois sceptique et éclairé, témoigne pour nous d'une étonnante modernité : non seulement il anticipe toutes les audaces auxquelles le roman ne viendra que bien plus tard, mais, sachant inscrire son mal personnel et le mal de son temps dans la technique même de son récit brisé, sans perdre pour autant de son humour ni de sa joie communicative à conter, il est déjà sur le chemin de nos grands pionniers (je n'irais pourtant pas jusqu'à le mettre au rang de la Bible, comme le faisait naguère Rudolf Kassner ; pour moi ce rang unique revient toujours de droit à Cervantès et à son triste chevalier, dont Tristram, de triste figure lui aussi, n'est malgré tout qu'une réincarnation quelque peu anémiée).

*

A côté de ce dépérissement du dialogue dans le roman d'aujourd'hui, on peut relever un autre trait encore plus constant, et peut-être plus significatif : j'entends l'indifférence des auteurs pour les problèmes relatifs aux débuts, c'est-à-dire à cela même qui, esthétiquement au moins, contribue le plus à déterminer le niveau du récit. Ce manque d'intérêt pour un aspect du travail romanesque que même un passé récent jugeait capital — des écrivains aussi éloignés l'un de l'autre que l'étaient Breton et Valéry y voyaient pareillement « la poétique du roman » —, aucune théorie ne s'efforce d'en donner la clé ou d'en rechercher les tenants et les aboutissants, bien plus il passe tellement inaperçu que chacun peut s'y abandonner sans se sentir le moins du monde troublé. En soi pourtant le phénomène aurait de quoi retenir l'attention, ne serait-ce qu'à cause de sa nouveauté dans les sphères littéraires les plus évoluées.

Depuis que la littérature a commencé de réfléchir sur elle-même jusqu'à une époque à peine révolue, on a tenu le début de toute histoire pour absolument décisif, avec raison puisque c'est là que se déterminent tout à la fois le point de vue que le narrateur adopte pour présenter son monde fictif, sa position à l'égard des conventions admises de son temps, et ses relations avec son public.

Laisser le début s'engager n'importe comment et rester irréfléchi revient donc à nier cette multiple détermination, c'est pour l'auteur reconnaître implicitement qu'il ne se soucie pas de la place qu'il tient dans son histoire, qu'il ne sait pas très bien lui-même s'il est dehors ou dedans, qu'il se croit en droit de se déplacer à son gré et qu'il veut suivre ses caprices en tout, au risque de faire une œuvre sans aucune tenue, dépourvue de sens et d'unité. Mais c'est aussi avouer qu'il ignore tout de sa position dans la littérature, qu'il ne sait pas si ce qu'il écrit est neuf ou vieux, jusqu'à quel point il est influencé par ses prédécesseurs, s'il est en avance ou en retard sur ses contemporains ou s'il imite des modèles largement périmés. Car le début inconscient de lui-même, ou si l'on préfère, *négligé*, n'ouvre pas seulement la porte toute grande à l'incohérence : les poncifs s'y engouffrent en masse eux aussi, et d'autant plus facilement qu'ils ne peuvent pas être identifiés.

On ne dira jamais assez quel événement représente la célèbre page du *Don Quichotte* où Cervantès présente son héros, en soulignant à gros traits le caractère douteux de sa fiction, et l'équivoque de sa propre situation tout à la fin de l'Age d'or des Belles-Lettres : « En un village de la Manche, du nom duquel je ne veux pas me souvenir, demeurait, il n'y a pas longtemps, un gentilhomme... » Et quelques lignes plus loin : « On veut dire qu'il avait le surnom de Quixada ou Quesada (car en ceci il y a quelques différends entre les auteurs), encore que par conjectures vraisemblables on pense qu'il s'appelait Quixana, mais cela importe peu à notre conte... » Ainsi, le lecteur est averti d'emblée qu'on ne lui offre qu'un conte, rien de plus, et que même à l'intérieur de cette fiction, ce qu'il va apprendre est sujet à caution : le lieu de l'action n'est pas connu, seul le narrateur en est informé, mais pour quelque raison mystérieuse, il a décidé de l'oublier ; les événements ne sont pas datés, il faut se contenter de savoir qu'ils ont eu lieu « il n'y a pas longtemps », ce qui les situe dans les parages du « il était une fois » des contes folkloriques ou de l'« en ce temps-là » des mythologies ; il n'est pas jusqu'au nom du héros qui ne soit incertain, il en a trois au lieu d'un, et il se rend fameux sous un quatrième dont l'authenticité n'est pas mieux garantie. Avec cela Cervantès n'est nullement le premier à raconter son histoire, bien d'autres auteurs ont traité le sujet avant lui, qui par surcroît ne s'accordaient nullement sur les faits. Mais « cela importe peu à notre conte, il suffit qu'en la narration d'icelui on ne sorte pas en un seul point hors de la vérité ». Un héros au nom controversé, une action très vaguement située en un temps approximatif, un auteur sans originalité, qui relate une histoire abondamment rabâchée, et néanmoins une prétention hautement affichée à dire la vérité absolue — tous ces éléments sont là pour signaler et signifier, dans une ouverture dont chaque mot est bien pesé, le grand procès que Cervantès va intenter à la littérature d'imagination, et dans lequel il ne cessera de plaider le pour et le contre sans jamais conclure ni trancher. Aussi la formidable aventure donquichottesque n'y trouve-t-elle pas seulement ses prémisses, mais son sens et déjà sa fin, ou plus exactement sa véritable finalité.

Les émules de Cervantès les plus sérieux — Flaubert en est un, et nous savons quelle perfection il exigeait de ses débuts — n'ont pas laissé de saisir toute l'importance de cette façon d'attaquer, si naturelle en apparence et cependant si soigneusement calculée. Quoique peu d'entre eux aient pu égaler leur modèle sur ce point, beaucoup ont su tirer suffisamment parti de sa leçon pour méditer sur toutes les entrées possibles, afin de choisir celle qui répondait le mieux à leurs intentions, dans la forme comme dans le fond. Ici encore il faut citer Laurence Sterne qui, n'eût-il pas avoué l'influence de Cervantès dans le texte même de son roman, la révélerait rien que dans l'attaque, au sens musical et au sens agressif du mot, par quoi Tristram Shandy commence la relation de sa vie.

Au lieu de partir de sa propre naissance, comme il se doit dans tout roman de l'époque normalement constitué, Tristram en effet remonte à l'origine même de son existence, c'est-à-dire à l'heure exacte de sa conception (c'est vraiment de l'heure qu'il s'agit, vu le rôle décisif que joue en l'occurrence certaine pendule à remonter). Cette fois le roman n'est pas mis en question par l'incertitude de ses données, mais au contraire par un excès de précision qui fait ressortir l'inanité de ses efforts pour se rapprocher d'une prétendue réalité. Les circonstances dans lesquelles il a été engendré, ainsi que les sentiments intimes, les sensations et l'état d'esprit de ses parents, aucun homme, fût-il romancier, ne peut se vanter d'en être informé. Or Tristram s'en vante, il affirme même avoir connaissance des paroles que sa mère a prononcées en cette mémorable occasion, et cette vantardise absurde suffit à renvoyer le roman à ce qu'il a de faux et de mensonger quand il se donne pour omniscient dans les affaires du vivant. Du seul fait qu'elle veut marquer le début inconnaissable de toute vie, la première page condamne *la Vie et les Opinions de Tristram Shandy* à ne faire l'objet que d'un récit perpétuellement différé : montée comme une machine de guerre contre le genre romanesque dans son ensemble, et contre la présomption liée à ses conventions les mieux enracinées, elle manifeste d'emblée l'impossibilité de rendre la substance d'une vie, sur quoi le narrateur-auteur jouera jusqu'au bout avec autant de gaieté que de mélancolie.

Le temps passant, toutefois, la question des débuts devient une cause de malaise pour tous ceux qui, ayant conscience d'être des tard-venus, ne se résignent pas à puiser dans le réservoir des recettes éprouvées, sans être toujours sûrs d'en réinventer de plus originales ou de plus inspirées. C'est le cas d'E.T.A. Hoffmann, notamment dans *l'Homme au sable*, un roman épistolaire dont le commencement excessivement compliqué retrace précisément cette perplexité. Trois personnages échangent des lettres au sujet de quelque chose qui est arrivé à l'un d'eux et qui suscite en eux le même saisissement horrifié. Mais à peine se sont-ils expliqués là-dessus qu'un narrateur inconnu jusque-là intervient du dehors pour confier au lecteur ce qu'il sent devoir faire en l'occurrence : « ... rassembler tout de suite, dès le premier mot, tout ce qui s'est passé de merveilleux, d'horrible, de splendide, de gai, d'épouvantable, et cela de telle sorte que tout le monde le reçoive comme une décharge électrique... » Soucieux de commencer l'histoire de son héros Nathanaël de façon « significative, originale, saisissante », alors que ses trois personnages principaux se sont déjà présentés dans les lettres qu'ils ont échangées, le narrateur envisage tour à tour plusieurs formules bien connues dont aucune ne le satisfait : « " Il était une fois... " – le plus beau début de tout récit – trop prosaïque. " Dans la petite ville de province de S. vivait... " cela facilite au moins la gradation. Ou bien tout de suite *medias in res* : " Allez au diable, s'écria l'étudiant Nathanäel, les yeux fous, pleins de terreur et d'épouvante, quand le marchand de baromètres Guiseppe Coppola... " J'avais déjà noté cela lorsque je crus sentir dans les yeux fous de l'étudiant Nathanaël une lueur d'amusement. Mais mon histoire n'est pas comique. Aucun discours ne me vint à l'esprit qui pût refléter si peu que ce soit les couleurs brillantes de mon image intérieure. Je décidai donc de ne pas commencer du tout... » Par une bizarrerie évidemment voulue, Hoffmann se pose toutes ces questions à un moment où elles sont résolues en fait, puisque, grâce aux lettres qui en forment le préambule, l'histoire alors est déjà largement entamée. Mais tout se passe comme si en vertu d'on ne sait quel sortilège, elle était d'emblée mal partie, n'ayant qu'un faux début qu'il va falloir tenter de corriger. Hoffmann s'y emploie, mais la lueur de gaieté qu'il croit surprendre dans les yeux de son héros le convainc que tous ses essais de recommencement sont ratés et que ses rapports avec ses propres créatures sont encore loin d'être fixés. Il décide donc de ne pas commencer, ou plutôt il feint de le décider non pas pour entraîner le lecteur dans des jeux littéraires subtils, mais bien pour marquer qu'il n'est parvenu ni à choisir entre des formules de pure convention, ni à créer des relations plausibles et sensées, d'abord entre lui-même et ses héros ; puis entre un narrateur et un lecteur également fictifs ; enfin entre le lecteur réel et le monde imaginaire où il veut le faire entrer — échec qui lui procure précisément le début « significatif, original et saisissant » qu'il ne croyait pas possible d'inventer. Le procédé est ingénieux, toutefois on aurait tort de l'attribuer uniquement à l'ironie romantique et à ses habituels expédients : il reflète on ne peut mieux la situation contradictoire du conteur *tardif* qui, quoique sceptique sur ses chances de renouveler son art en fixant plus rationnellement les rapports de la vie et de l'écrit, n'en rêve pas moins de mettre dans un seul mot de quoi foudroyer son public.

Auparavant déjà un romantique typique du XVIIIe siècle finissant, Jean-Paul Richter, ou simplement Jean-Paul comme disent les Allemands, avait trouvé à cette difficulté de commencer une solution improvisée, qui il est vrai n'était encore qu'une fausse entrée. C'est le morceau rapporté, totalement étranger au reste du récit, qu'il met en tête de son roman *Hespérus* pour expliquer comment il a réglé la question : « Qui eût pensé (s'il ne l'avait lu) qu'un homme aussi âgé et aussi avisé que Cicéron irait s'installer sur son île Saint-Jean pour fabriquer un stock de *débuts*, d'entrées en matière et d'embryons préexistants sur lesquels il demanderait des arrhes ? Entre-temps l'homme avait l'avantage, quand il écrivait un torse sur un sujet quelconque, de pouvoir choisir une tête parmi toutes celles qu'il avait déjà et d'appliquer les lois de la philosophie corpusculaire pour la visser sur le tronc... » Etant moins « posé » que Cicéron, Jean-Paul n'a pas un stock aussi important, il se contente de débrouiller et de filer des écheveaux de débuts desquels il tire ce dont il a besoin le moment venu. Et il ajoute à ce début sur ses débuts constitués en stock : « Pour aujourd'hui c'est justement ce début-là que j'ai choisi. Mais à vrai dire je voulais tout d'abord prendre celui-ci : " La seule chose qui me tourmente dans tout ce livre, ce sont mes craintes sur la façon dont il sera traduit... " » Et ce n'est pas tout, à ces trois débuts sans aucun lien avec ce qui va être conté, vient se juxtaposer un quatrième essai, que l'auteur du reste ne se décide pas non plus à garder : « Mais ce début-là je me le réserve pour ma préface à une traduction... » Mêlant à son texte toutes sortes de considérations relatives à son travail et au destin de sa publication, Jean-Paul pour ainsi dire n'en finit pas de commencer, dans l'intention bien évidente de montrer que si tous les débuts sont possibles, aucun ne s'impose absolument et ne peut prouver sa nécessité. A moins que l'auteur ne fasse *comme s'il* était dans son roman non pas l'homme perplexe qu'il est en réalité dès qu'il prend conscience de l'arbitraire de ses fantaisies, mais un esprit transcendant, doué de l'omniprésence et de l'omniscience de la divinité.

Les écheveaux de débuts, entrées en matière et embryons préexistants que Jean-Paul se confectionne par avance en vue de n'importe quel usage fournissent un bon symbole de la gratuité totale avec laquelle le conteur moderne dispose de son inspiration. Ils marquent aussi le moment où, la loi épique ayant été abolie au profit d'une imagination désormais déréglée, l'auteur doit se demander chaque fois quelle est sa situation dans l'espace de son récit et, par là même, quels sont ses rapports avec son lecteur réel ou fictif. Prend-il le parti de paraître habiter le monde de fantaisie qu'il est en train de créer ? Se veut-il logé dans tous ses personnages à la fois, ou dans un seul, en particulier ? Installé en un lieu précis de l'action, ou partout où il lui plaît de se promener ? Est-il au contraire à l'extérieur des événements en qualité d'observateur désintéressé ? A proximité du cercle qu'il trace autour de ses créatures, ou dans un au-delà d'où il est censé tout voir et tout juger ? De l'option entre ces diverses positions fondamentales, et surtout de son maintien tout au long, dépend l'unité du récit, garante elle-même de sa crédibilité. Et comme le choix se révèle nécessairement d'abord dans la façon d'aborder le sujet, c'est aussi là qu'il se doit d'être le plus clairement fixé.

Depuis que Cervantès a rendu le vieux formulaire épique inutilisable, le conteur porté à réfléchir sur son art sait bien qu'il ne peut plus faire entrer son héros au milieu du grand flamboiement cosmique qui suffisait encore aux épigones de l'épopée. Il sait qu'il ne peut plus écrire : « Le soleil avait achevé plus de la moitié de sa course et son char, ayant attrapé le penchant du monde, roulloit plus viste qu'il ne vouloit » — sauf comme le fait Scarron en manière de parodie, pour dire simplement que son histoire commence entre cinq et six. Abandonné de la Muse qui faisait jadis le lien entre un monde divin et un monde humain pareillement hiérarchisés, il lui faut s'ingénier à trouver pour chaque œuvre un début inédit, qui soit tout à la fois captivant et apte à créer entre le lecteur et lui la distance ou la proximité avec laquelle il se propose de jouer. Car maintenant que la fiction n'est plus garantie par une tradition faisant office de légalité, elle devient l'équivalent d'un jeu auquel le lecteur est invité à participer suivant des règles préétablies, et que le conteur s'engage à mener en respectant ses propres données. Avec le temps naturellement la règle du jeu peut subir de nombreuses variations, mais elle ne perd jamais le caractère contraignant, sinon absolu, qu'elle tient de la loi traditionnelle abolie.

De cette nécessité de se donner une légalité de remplacement découlent les circonstances fictives que le conteur invoque si souvent pour expliquer la genèse de son œuvre, et qui toutes tendent à le défendre contre le soupçon de faire simplement œuvre d'imagination. L'histoire n'est pas de lui, il la tient d'un tiers dont il ne peut pas révéler le nom ; elle lui a été révélée par une ou plusieurs personnes qui y ont été mêlées et dont les noms doivent également rester secrets ; il l'a tirée d'un manuscrit, trouvé dans un grenier, qu'il a eu du mal à déchiffrer, mais qu'il a cru bon de publier à cause de son exceptionnel intérêt ; ou bien le texte est d'un auteur étranger et il n'en est que le traducteur, sans autre responsabilité. Grâce à ces divers artifices et expédients, dont l'inventaire serait du reste intéressant, le narrateur peut espérer se faire exempter du reproche d'arbitraire, auquel non sans raison il se sent toujours exposé. Tout se passe comme s'il voulait murmurer à l'intention du lecteur : ne m'accusez pas des invraisemblances ou des défauts de la fable, ce n'est pas moi qui en suis l'auteur, je ne fais que la rapporter, ou la traduire, ou l'éditer ; et en même temps : n'allez pas tenir ce que je vous conte pour la réalité, ce ne sont que des histoires inventées, rien de plus que de l'encre et du papier. Toutefois pour s'assurer contre le soupçon de gratuité, le romancier peut encore prendre le parti exactement opposé : au lieu de suggérer un maximum de distance entre lui-même et sa création, il parle alors à la première personne du pluriel ou du singulier, ce qui laisse présumer que les aventures relatées le concernent personnellement, qu'il en a été l'acteur, ou la victime, ou le témoin, et que par conséquent il ne fera part d'un bout à l'autre que de choses vécues et vraies (une présomption que la première page du *Don Quichotte* prend justement pour cible de sa raillerie). Pour peu qu'elles permettent d'éviter l'arbitraire apparent — l'arbitraire réel étant évidemment inévitable —, en délimitant strictement le champ des événements fictifs, toutes les techniques ont leur utilité, mais une fois l'espace romanesque ainsi défini, les plus heureuses sont celles qui aident le mieux le romancier à indiquer où, sous quel aspect, à quelle distance de son histoire et de son public il a choisi d'y résider.

En dépit de l'ingéniosité que le romancier est à même de déployer pour donner l'illusion d'un monde bien aménagé, il est clair que ses procédés ne sont jamais que des pis-aller, et qu'il n'y a pas de début qui soit pour le corps du roman la seule et l'unique tête concevable, ou même la seule absolument appropriée. C'est peut-être pour l'avoir constaté, parmi d'autres raisons plus complexes, que le XIXe siècle se montre moins exigeant là-dessus que ne l'était le précédent, en tout cas il semble sinon se désintéresser de la question, du moins assez souvent en sous-estimer la portée. Si grandiose soit-il, en effet, le « siècle du roman » est aussi celui du « n'importe où, n'importe qui et comme il me plaira » contre lequel seuls quelques grands artistes vont se dresser, en pratique et en théorie, parce que s'ils tiennent à assumer les risques de la modernité, ils refusent ce qu'ils comportent aussi de préjudiciable à l'œuvre d'art en soi, c'est-à-dire l'incohérence et la paresse d'esprit. Par un paradoxe remarquable, l'époque qui rêve plus que toute autre de faire vrai en reproduisant des mondes grouillants de vie, néglige volontiers la logique interne du récit, qui est pourtant en l'occurrence l'unique garante de la vérité. Aussi trouve-t-on un peu partout, et même dans maint chef-d'œuvre classé, des têtes qui ne vont pas avec leur corps ou des corps qui rejettent brutalement leur tête par la simple raison que, posée par trop à l'étourdie, elle fait obstacle à leur développement. Le personnage qui est censé conter *le Magasin d'antiquités* de Dickens s'escamote lui-même à la fin du troisième chapitre, parce que, de son propre aveu, il n'a plus aucune utilité : « Et maintenant que j'ai mené cette histoire jusqu'à ce point en mon nom propre et présenté ces personnages, je vais pour la commodité du récit me détacher de ce qui va suivre et laisser ceux qui y jouent des rôles importants et nécessaires parler et agir librement... » On ne peut imaginer plus de désinvolture à l'égard du lecteur, encore Dickens tente-t-il tant bien que mal de réparer sa bourde, quand d'autres la laissent subsister, sans même paraître la remarquer. Ainsi Dostoïevski ne s'aperçoit pas du tout que le « je » qui relate d'abord l'histoire des *Possédés* ne tarde pas à se perdre en cours de route, on ne sait donc pas si l'auteur l'a éliminé par inadvertance, ou à moitié volontairement, comme le fait Dickens, parce que vu le développement de l'intrigue il ne pouvait plus qu'être gênant. Il n'est pas jusqu'au plus scrupuleux, au plus incorruptible de nos romanciers qui ne se soit rendu coupable au moins une fois de ce même péché d'incongruité. Le « nous » qui commence à relater *Madame Bovary* — c'est un ancien condisciple de Charles, un personnage de second plan, certes, mais non négligeable puisqu'il peut faire état de souvenirs personnels : il évoque notamment la fameuse casquette et le « Charbovari » sans lesquels le mari d'Emma est bel et bien inconcevable —, ce « nous » parlant au nom d'une petite communauté disparaît au bout de quelques pages et l'on n'entend plus parler de lui, une fois de plus sans qu'on sache si Flaubert l'a tout simplement oublié, ou s'il l'a écarté à demi consciemment parce qu'il ne cadrait pas avec son principe d'impersonnalité. On dira que produits à un pareil niveau, ces petits grincements de l'appareil romanesque ne peuvent pas causer à l'œuvre un tort bien considérable, ils n'entraînent guère qu'une légère discordance sur quoi le lecteur, fasciné comme il l'est par l'histoire, se donne volontiers le luxe de passer. Et pourtant même ici l'étourderie ou l'insconscience n'est pas dénuée de signification, elle dénote pour le moins un débraillement fâcheux de la tenue littéraire, là où précisément le roman tend le plus à se relâcher. Elle est l'indice du gros risque de trivialité que court le genre tout entier, en raison même de sa liberté. Car c'est un fait que toute son histoire pourrait corroborer : le roman n'est jamais aussi près de la vulgarité que lorsqu'il *oublie* l'infirmité congénitale à laquelle il doit à la fois son dérèglement et son pouvoir pratiquement illimité ; et il n'est jamais aussi grand que lorsque, prenant de ses manques une conscience aiguë, il s'efforce de les pallier par une humilité et une rigueur de tout instant, non seulement dans sa façon de décrire choses et gens, mais jusque dans le moindre détail de ses plans (on peut du reste tenir pour certain que si Dickens se tire d'affaire par une simple pirouette, Flaubert eût été positivement désespéré de sa bévue s'il avait dû s'en aviser après coup ou que quelqu'un la lui eût signalée).

*

Transparence du passé. – Comme la mélancolie et le suicide de Kleist semblent bien aller avec ce que nous savons des événements contemporains. La Révolution de 89, les guerres impériales, la Prusse vaincue et « réveillée », l'errance dans une Europe secouée de tous côtés – à travers tout cela nous voyons se dessiner un ordre dans lequel désordres individuels et bouleversements collectifs semblent se répondre, s'appeler, se conditionner mutuellement, en vertu de correspondances et de liens de causalité que nous sommes en mesure d'analyser, nous autres observateurs forcément désintéressés (j'y pense en corrigeant les épreuves de mon livre sur Kleist, où cet ordre agencé après coup me paraît presque trop convaincant). Mais qu'un fait analogue se produise pour ainsi dire sous nos yeux (le suicide de Romain Gary), et notre sagacité nous fausse subitement compagnie, notre vue se brouille devant le fait particulier, et comme il faut tout de même tenter de l'expliquer, nous le rattachons tant bien que mal à des causes hasardeuses et isolées, qui ne font qu'aggraver son opacité. De là sans doute notre prédilection pour tous les récits du passé : contrairement à l'opinion courante, l'Histoire est aussi claire à cet égard que notre présent est enténébré.

*

Montaigne : « *L'écrivaillerie est peut-être le symptôme d'un monde débordé.* » – On a peine à croire que le diagnostic porté au XVIᵉ siècle puisse être pour le nôtre d'une pareille justesse. Il n'y a rien à y changer, sauf que nous devrions remplacer « peut-être » par « sûrement », et prendre « débordé » au sens vraiment cataclysmique du mot.

*

Au moment où je traitais de la métaphore et de ses propriétés, je n'avais pas encore lu ce que Hofmannsthal en dit dans l'un de ses articles critiques : « ...la domination inquiétante que les métaphores que nous engendrons exercent rétroactivement sur notre pensée... » C'est à peu de chose près ce que j'écrivais il n'y a pas longtemps ici même, mais le plaisir que me cause cette rencontre n'est nullement sans mélange, je m'en sentirais plutôt un peu gênée, comme si en vertu de quelque règle de bienséance littéraire, j'eusse dû connaître je ne sais comment une phrase aussi bien accordée à mon propre sentiment.

*

Peter Härtling sur Hölderlin : « Qu'a-t-il éprouvé ? Comment a-t-il réagi ? De quoi parlait-il avec sa mère, ses frère et sœur, ses amis ? A quoi ressemblait, derrière l'emphase des textes, une journée avec Diotima ?... Je ne puis qu'essayer de le trouver, de l'inventer, en combinant mes souvenirs avec ceux qui nous ont été transmis. J'introduis de multiples infirmations dans un ensemble que je suis seul à créer. Sa vie est déposée dans des poèmes et quelques dates ; comment il respirait, je l'ignore. Je dois me le représenter... » Cette enquête biographique menée de l'intérieur a ceci d'original qu'elle utilise, outre le matériel ordinaire nécessaire à ce genre d'ouvrages, les doutes, les scrupules et les hésitations que le biographe éprouve à tout moment devant le côté risqué de sa reconstruction. Ce n'est pas le « roman vrai » de l'auteur que Sartre voulait faire avec *l'Idiot de la famille* ; mais le roman vrai du critique lui-même, qui cherche moins à démontrer la vérité de sa description à coups de références et de citations, qu'à retracer le continuel retour sur soi auquel le conduit son besoin de départager ce qu'il sait de source sûre et ce qu'il lui faut réinventer (là où Sartre par exemple sait exactement ce qui se passe dans le lit des parents de Flaubert, avant même la naissance de son héros, Härtling informe le lecteur des hypothèses qu'il se formule lorsque les faits certains viennent à lui manquer). Rayonnant d'une honnêteté sensible et intelligente, ce beau livre laisse pourtant craindre que la grande figure de Hölderlin ne s'estompe un peu çà et là derrière un biographe aussi soucieux de sa propre subjectivité. Mais quand tout est dit, ces craintes se révèlent injustifiées, car peu à peu l'auteur met ses scrupules de côté et son récit y gagne une bouleversante simplicité. Il devient même si poignant que sur la fin, on a presque la vue trop brouillée pour suivre jusqu'au bout la pauvre histoire du poète foudroyé.

*

Il y a un commencement à tout. — Jusqu'à présent, un écrivain qui d'aventure eût préfacé un livre sans l'avoir lu, ou en n'ayant qu'une vague idée de son contenu, se fût au moins gardé de s'en vanter. Cela vient de changer, le célèbre linguiste américain Noam Chomsky a préfacé *Mémoire en défense* de Robert Faurisson, en reconnaissant — on serait tenté de dire en avouant — qu'il n'a pas jugé bon de connaître les « thèses » de son auteur, ce qui ne l'empêche pas de proclamer qu'il ne voit pas pourquoi ce livre ne serait pas publié. Il y aurait intérêt à méditer sur cette paresse ou cette volonté d'ignorance si bizarrement affichée, car enfin même à l'étranger, l'affaire a fait pas mal de bruit, et puis si l'on tient par principe que rien ne s'oppose à la publication de n'importe quel ouvrage, rien n'oblige non plus à donner la caution de son nom au premier venu, sans se soucier de ses défauts ou de ses qualités. Mais indépendamment des motifs qui poussent un intellectuel connu à une désinvolture aussi provocante, il est certain que son procédé peut constituer un précédent encourageant pour tous ceux qui, impatients de déposer le lourd fardeau de la cohérence intellectuelle, entendent écrire n'importe quoi n'importe où, pour défendre tout prétendu persécuté au nom d'on ne sait quelle sorte de liberté.

*

Je lis dans *Mozart et ses opéras*, de Rémy Stricker, que Mozart voulait sauver toutes les femmes qu'il aimait, et que cette aspiration, naïve selon l'auteur, joue dans ses opéras un rôle décisif. Naïve, certes, mais on aurait tort d'en sourire, car ce désir de sauver une femme en danger est enraciné à une profondeur exactement aussi grande que l'est sa puérilité. Il fait partie du « roman familial » infantile que la plupart des adultes oublient, mais par lequel certains — rêveurs éveillés, poètes et romanciers — restent tellement fascinés qu'ils continuent toute leur vie d'y croire et d'y travailler. Le phantasme du sauveteur, qui devient le « sauveur » dans des versions plus sublimées, offre d'ailleurs un bel exemple de la façon dont la tendance la plus égoïste se travestit en dévouement chevaleresque et en altruisme, car le sujet ne fait pas ici n'importe quel acte héroï-que, il s'arrange toujours pour sauver la fille d'un personnage haut placé, ou le cas échéant le personnage lui-même, ce qui lui vaut la récompense promise ordinairement au héros de conte de fées : la main de la jeune fille, la fortune du père et par là même un avancement social fulgurant. A vrai dire l'aspiration à sauver quelqu'un compte beaucoup plus que le sexe de la personne en danger, un père peut très bien faire l'affaire, à condition qu'il ait une fille à marier. Comme Freud l'a raconté dans un passage célèbre de la *Psychopathologie de la vie quotidienne*, c'est un homme qu'il rêvait de sauver à une époque particulièrement difficile de sa vie à Paris, où un mariage avec la fille de Charcot l'eût certes bien arrangé. L'histoire est

à maint égard exemplaire, mais elle frappe surtout par le détour littéraire que le rêveur doit
faire pour se la raconter. Elle est liée en effet
au *Nabab* d'Alphonse Daudet, que Freud se propose de citer dans le dernier chapitre de *la
Science des rêves*. Il n'a pas le livre sous la
main, mais se souvient d'une scène où un certain M. Jocelyn sauve un personnage influent
en arrêtant ses chevaux emballés, lequel monsieur descend de voiture, lui serre les mains en
disant : « Vous m'avez sauvé la vie, que puis-je
faire pour vous ? » La scène est nette, Freud n'a
pas de doute sur sa réalité, toutefois il relit le
texte pour s'en assurer, et il constate à sa
grande confusion qu'elle n'existe pas dans le
roman, d'ailleurs le héros ne s'appelle pas non
plus Jocelyn, mais Joyeuse, autrement dit il
porte le nom qui serait celui de Freud s'il était
traduit en français. Du coup il ne peut plus
reculer devant la conclusion : dans l'histoire
qu'il a totalement inventée, le héros sauveteur
n'est autre que lui-même, et le bienfaiteur
sauvé ne peut être que Charcot, chez qui il a
effectivement rencontré Daudet lors de ce triste
séjour à Paris.

Le phantasme est tellement lié au thème des
chevaux emballés qu'on peut se demander ce
qu'il en advient lorsque les voitures à chevaux

ont complètement disparu. C'est encore sous cette forme pour ainsi dire classique que Kafka, d'après une note de son *Journal*, se voit sauver une belle jeune fille d'un accident forcément mortel. Mais là où Freud prend son souhait au sérieux et l'accomplit finalement en « sauvant » les femmes névrosées, Kafka traite le sien avec la suspicion que lui inspirent toujours ses plus hautes visées, et qui ici du reste va parfaitement avec le sens égoïste de la rêverie : dans son roman du *Château*, l'Arpenteur reçoit de la population féminine du Village le titre de « libérateur des femmes », alors que c'est lui, le plus misérable, le plus solitaire et le plus impuissant des héros, qui s'accroche désespérément à toutes les femmes placées sur son chemin, comme si n'importe laquelle, fût-elle elle-même si faible et désarmée, avait le pouvoir de le sauver.

*

Cachotteries. – Personne n'a poussé la hantise du secret au point de raffinement et de subtilité qui caractérise les nouvelles et les romans d'Henry James (les nouvelles surtout, sans doute parce que la concision se prête mieux au mystère que de plus longs développements, mais même l'atmosphère des grands romans dépend largement de cette technique du non-dit). Là en effet, le secret enveloppe les relations humaines dans un réseau de sous-entendus et d'allusions si serré que, même défait, il retient encore une bonne part de ce qui reste à élucider. Pourquoi, et qu'en est-il au fond de ce mystère qui, quoique généralement expliqué à la fin de la façon la plus rationnelle, laisse le lecteur vaguement troublé, comme au bord de la perplexité ? Pourquoi l'auteur cache-t-il systématiquement les tenants et les aboutissants de situations dont, en tant qu'inventeur de l'histoire, il est forcément très bien informé ? Pour la critique moderne la question ainsi posée implique déjà un malentendu, car il n'y a pas en l'occurrence de secret qui puisse se formuler, ou plutôt, comme dit Tsvetan Todorov : « ...le secret jamesien est [...] précisément l'existence d'un secret essentiel, d'un non-nommé, d'une force absente et surpuissante qui met en marche la machine présente de la narration... » Ce n'est pas facile à se représenter, mais admettons que dans cet univers romanesque littéralement bondé d'arrière-pensées, il n'y ait de secret que parce qu'il existe une machine à fabriquer du secret. Seulement cette machine elle-même, comment, pourquoi, de quoi est-elle constituée, qu'est-ce qui la force à fonctionner sans arrêt ? Et où en fin de compte peut-elle être installée sinon dans la tête des gens qui n'ont rien d'autre à faire que de s'épier afin de s'extorquer mutuellement ce qu'ils se soupçonnent de dissimuler ? Ces personnages dont toutes les émotions s'épuisent dans l'attente d'une révélation capitale, quoique impossible dans sa totalité, le fait est qu'ils ne semblent bien équipés que pour surprendre et guetter — pour le reste ils ne font guère que voyager, ce qui cadre bien du reste avec les exigences énormes de leur curiosité ; mais d'un autre côté il apparaît vite qu'ils ne sont pas non plus tellement pressés de voir le secret se divulguer, on dirait plutôt qu'ils diffèrent le plus possible le moment de s'en emparer, comme s'ils avaient secrètement autant de raisons de le craindre que de le désirer. De là leurs dialogues perpétuellement en suspens, tournant perpétuellement autour d'un passé fascinant — car en fin de compte le secret concerne toujours un temps révolu — dont ils ne peuvent jouir que par personne interposée, sans le posséder et sans pouvoir s'en arracher.

En considérant cette obsession du secret et le voyeurisme au moins moral qu'elle crée dans l'œuvre du romancier ; le mélange de curiosité passionnée et de peur de savoir qui marque les relations des êtres entre eux et qui scelle leur destinée ; l'équivoque des situations et la façon dont la découverte décisive est à la fois ardemment cherchée et sans cesse esquivée ; le fait qu'à cause de sa hantise, le héros vit exclusivement sur le passé d'autrui, en quelque sorte par procuration — le psychanalyste se sentirait en droit d'évoquer la « scène primitive » vécue par le petit enfant lorsque, témoin impuissant, irrésistiblement attiré, mais aussi épouvanté par ce qu'il interprète comme un acte de sauvagerie, il assiste aux ébats nocturnes de ses parents sans pouvoir en percer l'énigme. Les éternelles cachotteries d'Henry James se ramèneraient ainsi à l'éternité de cette « Urphantasie » qui est indestructible en effet, et qui, chez certains sujets prédisposés, reste un modèle contraignant aussi bien pour l'organisation de la vie affective que pour le travail de l'imagination. Loin de se singulariser, le secret du romancier ne serait rien d'autre que le secret de Polichinelle de toute enfance, un secret d'alcôve continuellement éventé, et qui pourtant, enfoui comme il l'est dans les replis de la vie à son origine, ne se laisse jamais totalement dévoiler.

Quelque justesse qu'il faille lui accorder — et elle est juste, non seulement dans le domaine spécial de la clinique, mais en un sens tout à fait général, une bonne part de la littérature romanesque semble prendre à cœur de le prouver — , pareille explication n'est pas de celles dont on aime se contenter ; si même on n'en est pas irrité, on la trouve insuffisante pour rendre compte de la complexité des formes et des idées qui décide du rang de toute littérature évoluée. Comment, se dit-on, comment une clé aussi simple et aussi triviale pourrait-elle livrer le sens d'un monde aussi riche, aussi nuancé, aussi artistement travaillé que l'est celui du romancier américain ? Que gagne-t-on en définitive à noyer dans l'abstraction d'un fait psychique général cet extrêmement particulier qu'est Henry James en tant qu'homme et écrivain ? Il y a là entre la cause et l'effet une disproportion choquante que notre dévotion à l'art nous porte encore à exagérer. Pourtant nous avons tort de nous y arrêter, car si Freud révèle le *pourquoi* de toute obsession du secret vécue ou écrite, il ne prétend nullement connaître et préciser le *comment* qui donne à chaque écrivain sa marque spécifique. Jusqu'à nouvel ordre, le *comment* reste l'affaire de la littérature et de ses théoriciens, et l'on ne voit pas pour quelle raison la science du *pourquoi* devrait entraver sa compréhension, on pourrait plutôt supposer que l'intelligence du texte dût en être facilitée. En soi l'explication par la « scène primitive » ou par tout autre motif inconscient n'a donc rien de décevant, nous ne la jugeons telle que pour éviter d'admettre une vérité scandaleuse, plus scandaleuse encore pour nous que l'étiologie sexuelle de l'inspiration : à savoir que dans les régions primitives où l'imagination façonne ses moules indestructibles, le *profond* n'est pas seulement lié aux bas instincts et à la trivialité, il est ce qui en chacun appartient à tous, le bien commun, le lieu commun, le *banal* par définition. Le profond est banal à proportion de son authenticité, et c'est pourquoi il n'a pas trop de tout l'art du monde pour donner le change sur sa monotonie, ou comme on dit, pour se sublimer.

*

Lu au dos d'un recueil de Kurt Tucholsky, le poète et satiriste allemand que la France continue d'ignorer, bien qu'au cours de son tragique exil, il ait aussi trouvé refuge chez nous : « Un choix éblouissant de badinage, de satire et d'ironie, composé de textes en prose et de poèmes du célèbre auteur à qui tout ce qui se passait d'humain entre la gare de Stettin et le XXe arrondissement était familier. » Entre la gare de Stettin à Berlin et le XXe arrondisement de Paris — de quel écrivain français ou allemand pourrait-on dire cela aujourd'hui ? (Il est vrai que la gare de Stettin n'existe plus et que le XXe arrondissement, s'il est par chance toujours là, ne montre plus que des vestiges de celui où Tucholsky aimait tant flâner.)

*

A propos de l'humain, ou plutôt du rôle particulier que notre grammaire sociale lui fait jouer à l'occasion, le même Tucholsky a écrit, sur son ton de badinage habituel, un petit texte profond qui me revient souvent à l'esprit. On dit en effet couramment (en français comme en allemand, là l'accord des langues est parfait) : un tel est ceci et cela — rétrograde en politique, féroce en affaires, arrogant envers ses subordonnés, mais *humainement* c'est quelqu'un de très bien. En quoi cet *humainement* peut consister au juste, en quelle région de la personne il est censé résider et de quelle façon il est en mesure de se prouver, la tournure même de la phrase indique assez qu'on ne se charge pas de le préciser. Et pourquoi le ferait-on ? Le mot s'impose ici précisément parce qu'il renvoie à une essence invisible, et que dans ce cas comme dans tant d'autres où il s'agit de justifier ou même de sauver l'inhumain, seul un recours à l'invisible peut être de quelque utilité.

*

Le mélancolique « anciennement » que portent certains romans à chaque page, comme une enseigne à la devanture de maisons de commerce surannées. L'auteur a décrit si fidèlement son temps, avec un souci si exclusif de véracité qu'on ne voit plus dans son œuvre que le témoignage d'une époque révolue, presque au sens de l'histoire ou de la sociologie. Les rues de la ville, les mœurs des gens et le détail de leur costume, le genre de relations qu'ils entretiennent de famille à famille, de quartier à quartier, et surtout leur parler — on reconnaît chaque trait avec un contentement spécial qui fait oublier ce qu'il a fallu d'art, si peu qu'il y paraisse dans un réalisme aussi appuyé, pour amener le lecteur à ce degré de reconnaissance émue. C'est ce qui m'arrive avec *le Pain quotidien* d'Henry Poulaille, un livre que je ne songerais pas à dire beau, bien qu'en un certain sens il le soit indéniablement, parce que le document social l'emporte par trop sur les personnages eux-mêmes, qui atteignent à peine la dignité de héros individualisés. Oui, les Parisiens de nos anciens faubourgs vivaient bien comme il est dit dans le roman, les uns chez les autres par force et par goût, la porte ouverte sur le logement du voisin au milieu des scènes conjugales, des discussions et des commérages incessants, entourés d'une flopée d'enfants dont les cris et les galopades emplissaient les cages d'escalier, mais toujours prêts à s'entraider en dépit de leur vie précaire et de leur pauvreté. Oui, ils « ressautaient » lorsqu'ils étaient furieux (admirable), ils « bégalaient » un copain, traitaient le concierge de « chameau » ou le sot de « frère mironton », dans une langue mi-goguenarde, mi-affectueuse qui constituait leur lien social le plus puissant. Oui, les plus évolués lisaient passionnément Zola et avaient des « idées », pour lesquelles ils voulaient sacrifier leur peu de confort et de sécurité — tout cela est vrai et émouvant et il est bon, sûrement, que quelqu'un l'ait noté avec autant d'humilité d'esprit et de véridicité. Malheureusement, le véridique ici semble aller à l'encontre de la vérité littéraire proprement dite, qui elle ne se laisse pas réduire aux faits, fussent-ils si justes et si bien rendus. C'est pourquoi on s'attriste un peu, à peine le livre refermé, de voir qu'au lieu de prendre place parmi les grandes familles dont la littérature romanesque a immortalisé les noms, la famille Magneux ne tarde pas à rejoindre les siens dans l'obscurité où la vie elle-même les tenait plongés.

*

Les nuits blanches de Saint-Pétersbourg auraient-elles disparu depuis que la ville s'appelle Leningrad ? En tout cas elles ne jouent plus de rôle notable dans la littérature, et pour nous qui les voyons toujours avec le regard halluciné de Dostoïevski, « nuits blanches » ne nous semble pas cadrer avec ce que « Leningrad » charrie en fait d'images et d'idées. Il s'en faut même de peu que nous ne fassions de la chose une affaire d'ancien régime, parmi bien d'autres institutions périmées.

*

Centenaire de la mort de Dostoïevski, après celui de Flaubert l'an passé. — Le jour anniversaire de leur naissance ou de leur mort, nous célébrons volontiers nos saints patrons en nous replongeant dans la lecture de leurs œuvres. C'est apparemment un exercice de piété qui comme tous les autres, indépendamment de leur but, s'impose sans explication. Il est simplement conforme à notre religion, et nous l'accomplissons comme si nous croyions réellement que dans on ne sait quel ciel réservé aux écrivains morts, cette sorte de dévotion fera plaisir aux intéressés, ou peut-être même qu'elle nous sera dûment comptée.

*

D'après les journaux, nous n'aurions le choix dans tout ce qui se passe en ce moment qu'entre un « pessimisme raisonnable » et un « optimisme prudent ou mesuré ». Mais contrairement à ce que l'on serait tenté de supposer, les épithètes ici ne sont nullement interchangeables, car si on peut parler d'« optimisme raisonnable », on ne peut imaginer un pessimisme « prudent et mesuré », c'est contraire au pire, dont le pessimisme fait sa nécessité. Ainsi, même tirés de l'autre côté de leur sens premier, les deux superlatifs antithétiques ne parviennent pas à opérer leur jonction : l'optimisme peut se gâter en faisant un pas vers son ennemi, mais le pessimisme ne s'améliore pas en accomplissant le même mouvement, il continue de broyer du noir et peut tout juste « se raisonner ».

*

S'il est vrai, comme Michel de M'Uzan le supposait naguère, que tout écrivain porte en lui un personnage tout-puissant qui, à l'instar de ce premier public que sont les parents pour l'enfant, est à la fois le dédicataire, l'inspirateur et le censeur de l'œuvre en voie de création, on peut imaginer que ce « public » intérieur se montre plus ou moins léger ou contraint selon le milieu social où il a dû se former. Chez les gens bien élevés, le public intérieur serait par exemple de bonne compagnie, plus soucieux de bon ton que de profondeur, désinvolte, sceptique, voire cynique à l'occasion, mais toujours propre à garantir et à encourager l'aisance, à défaut d'une réelle liberté. En revanche chez les gens sans éducation, ou mal nés en quelque façon, le dédicataire de l'œuvre serait nécessairement extrémiste, tantôt poussé à la révolte contre les formes — et la forme — dont il n'a pas reçu l'usage par tradition ; tantôt au contraire intransigeant sur le chapitre du mot juste, rebelle à toute compromission avec ce qui se dit et ce qui se fait, et d'autant plus follement épris de perfection formelle que le milieu dont il provient en était dépourvu. Sans doute est-ce dans cette dernière catégorie, parmi ceux qui, se sachant ou se croyant nés de travers, ne seront jamais en aucun sens gens du monde, que se recrutent le plus grand nombre de Don Quichotte du vrai et de fanatiques de la pureté.

✳

Je trouve dans la transcription des entretiens radiophoniques que j'ai faits avec Roger Vrigny deux fautes délicieuses, dues à une mauvaise interprétation phonétique : *mehr schön* — plus beau, pour *Märchen* — conte de fée ; et « Oh Mais » pour désigner le célèbre pharmacien de Flaubert. Le docteur Lacan n'eût pas dit mieux (cependant les deux erreurs ne sont pas tout à fait de même niveau, *mehr schön* suppose malgré tout une certaine connaissance de l'allemand, alors que « Oh Mais » traduit une ignorance assez surprenante, touchant un nom presque passé dans l'usage courant).

*

Je me plaignais dans mon premier *Livre de lectures* que Theodor Fontane fût à peu près inconnu chez nous. Je n'ai plus qu'à retirer ma plainte, car je viens de recevoir *le Stechlin*, ce qui me laisse supposer que la lacune sera enfin comblée. Curieuse de voir ce que le roman devient en français, je m'y plonge aussitôt et je constate que si la traduction lui fait perdre beaucoup de sa puissance et de son charme, elle lui apporte de surcroît un air de simplicité, quelque chose de frais et d'agréable que je ne croyais pas avoir senti dans l'original. C'est que la traduction n'est pas seulement la trahison que l'on se plaît à dénoncer, elle est aussi ce qui peut faire naître le livre à une seconde vie, à condition toutefois qu'elle procède d'une sorte d'affinité élective avec l'auteur étranger, et que le talent s'y allie avec une vraie humilité d'esprit.

*

Parmi les conteurs contemporains, je ne vois guère que Jorge Luis Borges pour exploiter à fond les avantages et les ressources de la « relation indirecte », un procédé éminemment classique dont l'abandon s'explique sans doute en grande partie, sinon uniquement, par la croyance des modernes dans la valeur de l'originalité. L'auteur ancien ne se soucie pas d'être le premier à raconter ses fables, au contraire, conscient de l'arbitraire de toute imagination, et soucieux cependant de s'assurer une certaine crédibilité, il s'ingénie par tous les moyens à paraître ne rien inventer, l'un de ces expédients étant précisément la « relation indirecte » qui lui permet de s'effacer derrière de prétendus témoins, une tradition recueillie par le plus grand des hasards, ou un auteur du passé faisant plus ou moins autorité. Borges imite le vieux faiseur de contes sur ce point, à ceci près qu'entre son récit et lui, il n'interpose pas seulement l'écran d'une histoire déjà racontée ou d'un livre déjà écrit, mais l'énorme masse des livres passés et futurs qui occupent les rayonnages de la bibliothèque de Babel, dressés jusqu'au ciel et étendus à perte de vue, positivement à l'infini. Les livres de Borges ne traitent au fond que de livres, de manuscrits authentiques ou non, de références savantes et de citations ; un formidable appareil d'érudition vient de tous côtés apporter à l'imaginaire le crédit qu'il craint de ne pas avoir lui-même, et la garantie de sérieux qu'il sait très bien ne pas pouvoir se donner. De là ce continuel jeu de reflets, dans des miroirs qui ne sont jamais que du papier imprimé : tout livre renvoie immédiatement à un autre, dans un espace et dans un temps que l'auteur de l'œuvre en train de se faire semble doter de réversibilité. Ne serait-ce qu'à cause de ce récit médiatisé, qui a trait non pas à un contenu pris censément sur le vif, mais avant tout à la littérature et à ses prestiges « éternels », Borges appartiendrait de droit à la lignée de Cervantès, qu'il reconnaît de toute façon pour sienne. Avec cette réserve toutefois que dans sa tour de Babel livresque, l'érudition n'est pas au service de la haute critique des idées dans laquelle son maître s'est illustré ; il la prend telle quelle et l'utilise abondamment pour consolider ses propres fondations ; mais jamais il ne la met en question, jamais il n'en ébranle l'édifice fantastique, dont son art lucide montre pourtant l'excès et la fatale aberration.

*

Je notais au début de ce livre, au sujet de certaines œuvres tellement liées à notre vie qu'elles prennent la valeur de données naturelles de notre géographie : on a peine à croire que le monde puisse exister sans elles ou qu'il serait tout à fait le nôtre si elles n'y avaient pas été créées. Borges dit la même chose presque mot pour mot, sauf que naturellement la liste de ses « grands » est composée tout autrement que la mienne (laquelle du reste n'est pas établie, mais le nombre ici n'a pas grand intérêt). Par exemple elle inclut *Hamlet* et *The Ancient Mariner* auxquels probablement je n'aurais pas pensé ; en revanche ni *Don Quichotte*, ni *Bouvard et Pécuchet* n'y sont mentionnés, alors que pour moi, ces deux-là sont précisément les plus caractéristiques du passage de l'œuvre éphémère à cette bizarre « éternité » du phénomène naturel. Mais peu importe après tout le catalogue de chacun, il est déjà bien beau qu'une intuition aussi subjective, ou si l'on préfère, qu'une pareille superstition puisse être partagée et prendre ainsi un air d'objectivité.

*

Toujours à propos de ce que les écrivains savent et ne savent pas les uns des autres : je m'étonne qu'avec sa prodigieuse érudition, Borges en 1930 encore connaisse si mal Dostoïevski qu'il n'ait pas lu *les Frères Karamazov*. Il le dit dans un article sur le très beau film que Ozep et Rathau avaient alors tiré du roman (ou plutôt de l'épisode de l'assassinat du vieux Karamazov, le réalisateur ayant eu le bon goût, ou l'humilité, de ne pas prétendre à une adaptation fidèle de l'ensemble). Borges loue surtout Ozep d'avoir évité les lieux communs de l'inévitable expressionnisme allemand, sans tomber pour autant dans « les erreurs encore moins reluisantes de l'école soviétique ». Et il se félicite de pouvoir juger le film en toute tranquillité grâce à son ignorance du roman, qu'il qualifie joliment d'« immaculée ».

*

Mais que n'apprend-on pas dans les romans ! Ainsi à travers les propos d'un personnage du *Stechlin*, on découvre que dans les années 80 du siècle dernier, l'objection de conscience existait déjà en Russie. Quelqu'un en effet évoque l'histoire d'un pauvre maître d'école russe qui avait refusé de tirer un coup de fusil, sous prétexte que ce n'était que préparation à la mort et au massacre, et qui finalement avait payé cette audace de sa vie. On aimerait savoir à quelle peine exacte cet homme intrépide a été condamné, malheureusement cela n'est pas dit, on apprend seulement qu'il est mort « après avoir subi force tourments ». On ne sait pas non plus s'il a agi de son propre mouvement, en simple individu ayant pris conscience de l'horreur de tuer ; ou bien, comme il est plus vraisemblable, si l'une des sectes religieuses intraitables qui pullulaient alors en Russie lui en avait donné le commandement. N'empêche : grâce au roman, le pauvre maître d'école, héros obscur d'une cause non moins obscure, probablement, regagne une seconde de gloire sur l'oubli où l'Histoire le tient enseveli.

*

Et si le roman n'en avait pas conservé le souvenir, que saurions-nous encore de ce que voulait dire « loger » une bonne chez les bourgeois et les aristocrates berlinois, à la fin du siècle dernier ? C'était lié au dispositif dit des « alcôves suspendues ». « Il faut, dit une petite bonne qui les a connues, il faut les avoir subies. Elles sont toujours dans la cuisine, parfois tout contre le fourneau, ou juste en face. Et il faut monter à une échelle, et quand on est fatiguée on peut tomber. Mais en général ça va. Et alors on ouvre la porte et on se glisse dans le trou, tout à fait comme dans un four. C'est ce qu'ils appellent "de quoi dormir." A n'en juger que par cette invention vraiment ingénieuse, les patrons berlinois semblent avoir pu en remontrer même aux bourgeois de *Pot-Bouille* (il faut pourtant noter qu'au temps où la petite bonne les décrit, les « alcôves suspendues » ayant été interdites par un règlement de police n'existaient plus que dans la clandestinité).

*

« Quiconque cherchera un sens à ce livre s'exposera à des poursuites judiciaires, quiconque y cherchera une morale sera chassé du pays, quiconque y cherchera une intrigue sera fusillé » — je ne sais plus quel formidable ironiste — peut-être un Allemand du XVIIIe siècle — a formulé cette loi fondamentale de la littérature « pour rien » dont nous faisons nous-mêmes si grand bruit. Mais quel qu'il soit celui-là est notre homme, et ce ne serait que justice que la littérature actuelle le prît pour patron. En lui en effet toutes ses tendances antagonistes semblent se réconcilier, puisqu'elle applique consciencieusement sa loi du « rien, pour rien » aussi bien dans ses formes les plus paresseuses que dans ses recherches les plus raffinées.

*

Très remarquable me paraît être ces temps-ci l'embarras des critiques et des intellectuels devant ceux des auteurs connus — penseurs, poètes, romanciers —, qui dans les années 30 et 40 ont délibérément choisi le mauvais côté. Qu'il s'agisse d'une réédition de Drieu La Rochelle, d'un *Journal* inédit de Jouhandeau, d'un roman de Knut Hamsun ou d'un Georg Groddeck récemment traduit, le critique ou le préfacier commence par exalter le talent, voire le génie, de l'écrivain ainsi rappelé au public, après quoi il se débarrasse au plus vite de l'aspect déplaisant de l'affaire en l'attribuant à une erreur de jeunesse, à la vieillesse, à une faiblesse, à un moment passager d'aberration, bref à un *accident* sans lien interne avec l'orientation générale de l'œuvre et sans rapport direct avec sa signification. La vilaine tache qui souille le génie tombé dans les bas-fonds de l'idéologie nazie, assurément on ne songe pas à la dissimuler ; mais enfin Drieu était sincère, s'il s'est malheureusement égaré, et n'a causé la mort de personne, sinon la sienne. Jouhandeau ne sympathisait avec l'occupant qu'en vertu de son « élitisme » foncier ; Knut Hamsun était tout à fait sénile lorsqu'il s'est rallié aux nazis, parce qu'il voyait en eux les authentiques descendants des Vikings ; quant à Georg Groddeck, le psychanalyste « sauvage » qu'en raison même de sa sauvagerie on opposait si volontiers à un Freud petit-bourgeois, trop raisonnable et trop guindé, il est certes très fâcheux que pour lui « le mariage avec des gens de couleur est un crime qui devrait être sanctionné pour le moins par la privation des droits civiques frappant les époux et leurs enfants », mais génial il est, génial il reste, et le livre qui contient cette belle profession de foi raciste n'en est pas moins publié, comme si les convictions de l'auteur ne jetaient pas le discrédit sur l'ensemble de sa pensée. Comme si dans une œuvre en quelque façon admirable le mauvais et le faux ne formaient jamais qu'un corps étranger, une sorte de kyste bien localisé dont l'éloignement se ferait sans risques pour l'organisme sain.

Non que par ce raisonnement captieux on veuille véritablement excuser ou même seulement atténuer ce qui passait naguère encore pour le péché capital, j'y verrais plutôt un aveu de défaite intellectuelle en face d'un phénomène qui nous laisse désemparés, d'abord parce que faute d'une doctrine cohérente touchant l'influence réelle de l'écrit sur la vie, nous jugeons de la responsabilité de l'écrivain selon des critères capricieux, changeant au gré de nos préférences affectives et de nos partis pris ; ensuite — et c'est à mon avis le point décisif —, parce que nous ne pouvons concevoir que sous la forme d'une scandaleuse exception l'alliance du génie ou du simple talent avec une grave déficience de l'esprit.

Que nous n'ayons pas la moindre théorie sérieuse sur le pouvoir des choses écrites et la façon de le mesurer, c'est un fait qu'il n'y aurait pas trop lieu de déplorer si nous ne cherchions à l'escamoter, en émettant là-dessus les avis de circonstance que nous suggèrent nos *a priori*. Tant que nous ne verrons pas plus clair dans les interférences des déterminations psychiques individuelles à demi conscientes, à demi irrationnelles, égoïstes par définition, avec les courants non moins obscurs qui mettent la collectivité en mouvement, nous ne pourrons faire que nous n'oscillions sans cesse entre deux jugements également excessifs — soit que nous accordions à l'écrit un pouvoir exorbitant, et par là même une responsabilité absolue quant à ses effets proches et lointains ; soit que nous le placions dans une sphère totalement indépendante où, n'étant responsable que de lui-même, il n'a de comptes à rendre ni aux vivants ni aux morts sur les usages auxquels il peut prêter. Sans doute cette incertitude ne nous autorise-t-elle pas ·à nous abstenir de juger, mais nous devrions du moins nous la représenter assez nettement pour n'être pas tentés d'ériger nos opinions sur ce sujet en vérités incontestées.

Pour apprécier la responsabilité de l'écrivain et, surtout, pour lui assigner des limites, nous n'avons en fait que des sentiments, des intuitions, des réactions subjectives plus ou moins motivées par notre croyance en telle ou telle valeur classée, quand ce n'est pas par notre intérêt du moment. On l'a bien vu tout récemment (octobre 1980) lorsqu'on a mis la « nouvelle droite » en accusation parce que, sans avoir rien écrit qui puisse passer pour une incitation à l'attentat antisémiste, elle défend sur la race et sa pureté des idées très ambiguës dont d'autres peuvent parfaitement se réclamer pour justifier leur passage à l'action. La polémique ne porte donc pas en l'occurrence sur la lettre de la doctrine, qui est prouvable jusqu'à un certain point, mais sur son esprit, qui lui se sent et ne se prouve pas, étant susceptible par définition d'une foule d'interprétations entre lesquelles chacun choisit à son gré. Comment parler de responsabilité à propos de quelque chose dont tout lecteur peut se fournir sa propre version, selon l'angle de vue qu'il adopte par habitude, par goût, ou en vertu de son attachement à une idéologie ? Avec cela la coupure entre l'esprit et la lettre n'est pas aussi nette qu'une convention de langage ne le laisse supposer ; outre ce qu'il dit en clair sur le papier, un texte véhicule également des arrière-pensées, des suggestions, toute une frange d'images, de symboles et d'allusions qui, bien qu'inscrites entre les lignes, n'en sont pas moins capables d'influencer le lecteur prédisposé, autant sinon beaucoup plus que ne le fait le contexte explicite. En considérant cette frange de non-dit, dont il n'est pas facile de déterminer si elle appartient à la lettre ou à l'esprit, on peut incriminer un auteur en lui imputant une part de responsabilité dans un forfait qu'il n'a ni commis, ni expressément prôné — on le peut et on le doit, à mon avis, mais uniquement à une condition : c'est qu'on applique la même rigueur à tous les cas pareillement suspects, sans craindre d'avoir peut-être à ternir quelque peu des gloires consacrées.

Une fois admis qu'on peut accuser la « nouvelle droite » doctrinaire de quelque chose qu'elle se défend de vouloir propager, mais qu'elle suggère suffisamment pour donner des motifs d'agir à des extrémistes peu soucieux de subtilités, pourquoi devrait-on épargner Nietzsche, pour ne citer qu'un seul grand exemple, et le dispenser de comparaître devant le même tribunal ? Si complexe soit-il, le cas demanderait au moins à être examiné, car enfin s'il est vrai que Nietzsche a violemment attaqué les trublions antisémites de son temps, il est tout aussi indéniable qu'en tant que visionnaire du « Surhomme » et apôtre de la « Bête blonde », il a fourni aux idéologues nazis non seulement de solides arguments, mais la prestigieuse caution philosophique qui autrement leur eût gravement manqué. On dira que le surhomme hitlérien était une caricature lamentable, et que l'œuvre d'un Nietzsche ne saurait être entachée par ce que la pire bassesse d'esprit s'imagine s'y trouver. Là est la question, justement, mais quoi qu'il en soit de cette objection et de son bien-fondé, elle n'a de poids que dans la mesure où on l'accorde sans acception de personne et de rang à tous ceux qui, grands ou petits, réactionnaires ou avancés, se déclarent innocents de l'exploitation qu'on fait de leurs idées.

Le problème de la responsabilité de l'écrit est faussé d'emblée par des données de grandeur nécessairement préétablies, que toutes sortes de raisons nous empêchent de réviser. N'ayant à proposer là-dessus rien de plus fondé que des opinions et des sentiments, nous adoptons chaque fois une solution de circonstance selon le format que nous attribuons à l'auteur en question, en accord avec notre hiérarchie personnelle ou bien encore avec la tradition. Plus le format nous paraît considérable, et plus nous sommes enclins à nous montrer indulgents, de sorte que nous réservons toute notre rigueur aux moyens et aux petits, lesquels étant par nature moins influents et de toute façon moins durables, devraient pourtant passer pour être moins dangereux. Seulement par cette inconséquence, qui nous conduit à accorder au génie le privilège de la responsabilité limitée, et rien du tout au créateur moins doué, nous sortons tout bonnement du procès, puisqu'au lieu de juger d'une faute ou d'un délit précis, nous nous bornons à condamner la médiocrité, comme nous le faisons au fond dans n'importe quel secteur de l'action et de la pensée.

Outre l'impossibilité où nous sommes d'avoir en la matière un jugement vraiment spécifique, nous sommes encore gênés par l'unité que nous conférons *a priori* à la personne en général, et en particulier à la personne active dans le domaine de l'esprit. En dépit de Freud et de ses découvertes touchant l'anachronisme profond de la psyché humaine, nous sommes en effet toujours prêts à supposer que l'individu constitue un entier, un bloc compact identifiable avec ses parties les plus avancées. Nous avons beau savoir théoriquement que la vie de l'inconscient conserve en chacun de nous une forte portion de préhistoire, nous n'en tenons aucun compte dans nos jugements, et nous sommes étonnés, déconcertés, scandalisés comme d'une incongruité, toutes les fois que l'expérience nous force à nous le rappeler. Sans doute nous voulons bien que le génie ait ses faiblesses, ses turpitudes, ses mesquineries, nous voulons bien qu'il soit égoïste, avare, jaloux, débauché — mais qu'en vertu d'une sauvagerie archaïque échappant à sa juridiction, il puisse aussi être frappé d'*arriération*, cela non, toute notre conception de la personne et la philosophie de la culture qui en dépend nous interdisent pareille conclusion. Dans notre tradition intellectuelle et morale, le génie est regardé en soi comme un facteur de progrès, aussi même ce qu'il a de négatif peut-il toujours être sauvé, ou bien alors c'est qu'il est mal étiqueté, et dans ce cas il faut le déclasser. De là notre incrédulité stupéfiée, et particulièrement immotivée, étant donné ce que l'Histoire ne cesse d'enseigner, chaque fois que nous voyons un penseur ou un écrivain admiré tomber au pouvoir de ses propres archaïsmes et partager les vues des plus arriérés.

Qu'il y ait dans tout créateur, ni plus ni moins que dans tout homme au demeurant, non seulement les deux postulations contraires de Baudelaire, mais, comme dit Lichtenberg, un cousin singe qui s'oppose au cousin ange pour provoquer sa chute ou le ramener très loin en arrière, l'expérience le prouve assez abondamment pour que nous n'ayons pas lieu d'en être tellement ébahis. Et que le cousin ange le plus ailé se laisse vaincre ou convaincre par son parent d'un autre monde et d'un autre âge, la chose n'est pas non plus si rare que nous puissions nous permettre de l'ignorer. A relire *l'Histoire de l'antisémitisme* de Léon Poliakov, on pourrait même la tenir pour la règle tant ces sortes de défaites sont fréquentes à tous les échelons de notre panthéon culturel. Loin de se réjouir des résultats de son enquête, l'auteur du reste en paraît presque gêné, visiblement il ne s'attendait pas à les trouver si accablants, mais ils sont là, et dès lors il est en droit d'affirmer que toute l'affaire est à reconsidérer : on ne peut plus se contenter de rejeter la faute sur quelques boucs émissaires de second plan, tels les Chamberlain et les Gobineau, c'est toute notre culture occidentale qui doit maintenant s'interroger sur ces zones d'ombre dont ses représentants les plus éminents ont eu et ont encore tant de mal à se libérer.

Bien entendu il ne s'agit pas de faire porter aux écrivains et aux penseurs du passé tout le poids de l'ignominie à quoi pour nous le racisme est lié (encore que le dénigrement systématique d'une catégorie quelconque d'individus discriminés n'ait jamais été innocent). Il s'agit plutôt de constater que de Shakespeare à Wagner en passant par Goethe, Voltaire, Kant, Marx, Chateaubriand, sans parler de tous les philosophes et romanciers célèbres qui se sont plu simplement à peindre les Juifs sous les couleurs les plus noires ou les plus ridicules, la judéophobie est avec des nuances et dans des proportions naturellement très variables un trait si général que ceux qui en sont exempts font véritablement l'exception (ils sont d'ailleurs beaucoup moins connus, et le plus souvent la postérité a oublié leurs noms). Une fois levée la censure rétroactive que l'histoire voit fonctionner depuis la fin de la dernière guerre (« Tout se passe, écrit Poliakov, comme si par honte ou par peur d'être raciste, l'Occident ne voulait plus l'avoir jamais été »), la judéophobie du grand homme apparaît comme un phénomène presque régulier, on dirait même qu'elle est d'autant plus marquée que le génie est universellement tenu pour tel, c'est sans doute là avec la honte et la peur l'une des raisons majeures qui incitent à l'escamoter. Car sans aller jusqu'à incriminer des gens aux yeux desquels il ne pouvait pas encore être un crime, le racisme témoigne pour le moins d'une pensée irrémédiablement bornée et d'une grave faillite du jugement — deux choses que nous ne pouvons nous résigner à apparier avec la création du beau ou la recherche de la vérité. Et qu'on n'allègue pas ici l'air du temps, comme on le fait si volontiers dans les cas embarrassants : être antisémite — Shakespeare l'était, mais non point Cervantès et Montaigne, qui en Europe respiraient pourtant le même air que lui —, c'est toujours et partout se ranger du côté du vulgaire, prendre à son compte sans le moindre examen les on-dit, les superstitions ancestrales et les aversions collectives qui restent vivaces de tout temps dans les consciences les moins évoluées, où les affects les plus primitifs tendent toujours à se déchaîner.

Etant donné la place qu'occupent dans notre culture les maîtres de la langue et de la pensée, nous sommes extrêmement mal équipés pour les juger sur le fond, lorsque nous découvrons en eux ces preuves de débilité que sont le racisme et la xénophobie (sans oublier la misogynie, qui s'y trouve souvent associée). La découverte nous laisse d'abord désarmés, tant elle va contre notre conception de l'unité et contre tout ce que nous avons coutume de vénérer. Mais sitôt qu'il n'est plus possible de la nier, nous nous arrangeons pour en réduire la portée en nous construisant cette fois une personne atomisée, dont les différentes parties n'entretiennent plus entre elles aucune espèce de solidarité. Pour sauver le grand homme incompréhensiblement fourvoyé, nous allons jusqu'à renverser nos prémisses et à poser la dualité en règle, là où précédemment nous ne voulions voir qu'un bloc unifié. Du coup le génie est automatiquement absous : celui qui en lui nourrit des rêves dangereusement primitifs n'a plus rien de commun avec celui qui crée, il doit donc être jugé dans sa sphère et le créateur dans la sienne, où le seul mal est une phrase banale ou une pensée mal tournée. Ici en somme le haut ignore ce que veut et ce que fait le bas : bien trop éloigné de ces souterrains malfamés pour en avoir même des nouvelles, il travaille dans la solitude de son ciel, à l'aide de forces entièrement orientées vers la production d'œuvres vraies, et par suite vers le progrès.

Ainsi Céline a propagé à grands cris une judéophobie enragée, *mais* littérairement son œuvre n'en est nullement diminuée, sauf là, cela va de soi, où la folie finit tout de même par la contaminer ; Voltaire a poursuivi les Juifs avec un acharnement aussi stupide que dégradant, *mais* il n'en est pas moins au regard de la postérité la lumière de son siècle et l'apôtre de la tolérance en matière de foi et d'idées ; Hegel avait pour les Juifs — et les nègres — le mépris et l'hostilité du raciste le plus obtus, *mais* l'œuvre immense du philosophe n'en est nullement flétrie pour autant, elle reste souveraine dans sa sphère et continue de dominer la modernité de l'Occident. Naturellement je ne dis pas que tous ces *mais* doivent être condamnés, et qu'il faille jeter l'œuvre au feu parce que, sur un point à vrai dire essentiel, l'auteur fait injure à sa propre mission ; je dis seulement qu'ils sont l'indice d'une fâcheuse obscurité dans une affaire où, par malchance, nous sommes sans cesse conduits à nous prononcer.

Il serait d'ailleurs injuste de ne citer à cet égard que quelques noms significatifs, car la liste serait longue de ces grandeurs exemplaires, bien que quelque peu endommagées, dont on s'efforce de préserver la pureté en dissociant radicalement le *créateur* de l'abjection où il arrive à l'*homme* de tomber. Mais l'inventaire n'a pas besoin d'être complet, le système joue partout de la même façon et partout pour les mêmes raisons : qu'il s'applique au passé récent ou à des temps plus reculés, il s'emploie à nier que l'abject et le sublime puissent avoir partie liée, toutes les fois que l'une de nos idoles est en danger de s'écrouler.

Séparer l'ange créateur de ses démons stupides et rétrogrades, afin que l'œuvre ne perde rien de sa souveraineté — nous ne pouvons pas nous en empêcher, tout en sachant pourtant au fond que c'est une impossibilité. Nous savons bien depuis Freud — et même avant des écrivains profonds l'ont dit — qu'il n'y a jamais dans la psyché humaine qu'une seule source d'énergie, à laquelle s'alimentent aussi bien les pires dévoiements que les plus belles images de la poésie ; et que de ce réservoir unique de forces inconscientes, absolument indifférenciées, sans âge et sans qualités, un même homme tire autant ses vices ou ses aberrations que ses ouvrages les plus inspirés. Mais ce savoir-là est justement celui qu'il nous faut annuler si nous ne voulons pas — et nous ne le voulons pas, là est le point décisif — être obligés de reconsidérer sérieusement notre attitude superstitieuse à l'égard des souverains de l'art et de la pensée.

Obéissant à ce désir commun de garantir l'auteur d'une œuvre importante contre les implications que son mauvais double peut lui attirer, la critique contemporaine est véritablement dans une situation incommode, car son opération de sauvetage est tout ensemble plus urgente et plus difficile que jamais — plus urgente, à cause des intellectuels et des écrivains qui se sont compromis en quelque façon avec la barbarie nazie et que l'on tente maintenant de reclasser ; et plus difficile en raison du renversement des valeurs qui s'est produit dans son propre champ et qu'elle ne peut tout à fait négliger, si elle veut être « contemporaine », justement. Grâce à Freud et à sa théorie de la sublimation des instincts, mais aussi sous l'influence d'écrivains comme Sartre et Bataille — sans parler des surréalistes qui, dans ce domaine comme en bien d'autres, furent certainement des pionniers —, les notions de bien et de mal en littérature se sont singulièrement brouillées ; ou plutôt le mal dans la vie, au sens théologique que Bataille n'hésite pas à donner au mot, devient la source même du bien dans l'écrit — un bien quelque peu satanique il est vrai, dont la littérature à « communication forte » tire sa marque la plus authentique. La volonté de détruire radicalement l'humain, la violence sexuelle et toutes celles qui en sont dérivées, les folies et les rages du néant — tout cela n'est pas seulement reconnu comme le matériel avec lequel se fabriquent les œuvres les plus capables d'éveiller, mais on l'exalte et on en fait l'apologie, on érige le criminel en saint parce que, tombé au dernier degré de l'abjection, le scandale à travers lui prend les dimensions du sacré. « L'expérience du Mal, écrit Sartre dans son *Saint Genet, comédien et martyr*, est un *cogito* princier qui découvre à la conscience sa singularité en face de l'Etre. Je veux être un monstre, un ouragan, tout ce qui est humain m'est étranger, je transgresse toutes les lois qu'ont établies les hommes, je foule aux pieds toutes leurs valeurs, rien de ce qui est ne peut me définir ou me limiter ; cependant j'existe, je serai le souffle glacé qui anéantira toute vie... » Et dans un autre passage du même livre : « Si le Méchant n'a point horreur du Mal, s'il le fait par passion, alors le Mal devient un Bien. Par le fait, celui qui aime le sang et le viol, comme le boucher de Hanovre, celui-là est un fou criminel, mais ce n'est pas un vrai méchant... » Ce retournement du diabolique en sacré ne laisse pas de donner à penser, et Georges Bataille n'a pas tort de déplorer dans sa critique de l'essai que Sartre n'eût pas donné le grand traité de morale qu'il projetait, peut-être en effet en eût-on reçu quelque clarté. Cependant Bataille lui-même n'est ni moins obscur, ni plus exigeant sur le chapitre de l'éthique lorsqu'il écrit à propos de Sade, dans un recueil intitulé significativement *la Littérature et le Mal* : « S'excluant de l'humanité, Sade n'eut en sa longue existence qu'une occupation... celle d'énumérer jusqu'à l'épuisement les possibilités de détruire les êtres humains, de les détruire et de jouir de la pensée de leur mort et de leur souffrance... » Ce mal absolu que nous allons voir une fois de plus sacralisé est-il au moins racheté par la beauté poétique de l'œuvre ? Pas du tout : « Fût-elle la plus belle, une description exemplaire aurait eu peu de sens pour lui. Seule l'énumération interminable, ennuyeuse, avait la vertu d'étendre devant lui le *désert* auquel aspirait sa rage... » De fait, ajoute Bataille, les romans interminables de Sade ne sont pas des livres ordinaires, ce seraient plutôt des livres de dévotion : « Il faut les lire comme ils ont été écrits, avec le souci de sonder un mystère qui n'est ni moins profond, ni peut-être moins "divin" que celui de la théologie. » Nous voilà prévenus qu'ici l'œuvre n'est nullement sauvée par la beauté de son art du mal dont elle est toute pétrie, elle est laide, fastidieuse, sans attraits, aussi ne doit-elle son rayonnement qu'à la mystérieuse opération qui change le démoniaque en divin.

On remarquera que dans ces deux cas certes extrêmes, le mal retourné en bien par un effet positivement mystique, et transcendant aussi bien les valeurs morales que les catégories esthétiques, n'entraîne au regard du critique aucune espèce de culpabilité. L'auteur veut faire à autrui tout le mal concevable et il ne cesse de s'en vanter, mais le critique ne veut pas le savoir, cette volonté de nuire lui importe peu puisque pour lui elle ne procède pas d'une vraie méchanceté. Il ne se demande donc pas si les trahisons, délations, viols et crimes de sang abondamment décrits dans l'œuvre de Sade et de Genet ne sont pas de nature à susciter des émules, autrement dit si les désirs sadiques affichés par l'auteur ont quelque chance de se réaliser. Et comme l'essentiel pour lui n'est pas là, il ne se demande pas non plus comment et dans quelles conditions la description *littéraire* d'un acte pourrait devenir éventuellement incitation à faire passer le phantasme dans la vie ; en fait, pris comme il l'est par son hagiographie négative, le problème de la responsabilité de l'écrit l'intéresse si peu qu'on pourrait croire qu'il n'y a jamais songé. (C'est évidemment inexact, il s'y intéresse bel et bien dès que le problème se pose sur le terrain politique, car là il s'agit de « vrais méchants », pour qui le sacré ne saurait jouer. Qu'on se souvienne seulement du long procès que Sartre intente à Flaubert à cause de la façon, tendancieuse selon lui, dont *l'Education sentimentale* présente la révolution de 48.)

A la lumière des deux exemples précédents — mais ils ne sont pas les seuls, il s'en faut même de beaucoup —, force est de constater que certains écrivains sont tenus d'emblée pour irresponsables, en ce sens du moins que le débat passe au-dessus d'eux, tandis que d'autres sont sommés de répondre non seulement de leurs écrits, mais des arrière-pensées que l'on est conduit à y suspecter. Par un paradoxe tout à fait étonnant, les bénéficiaires du non-lieu sont précisément ceux qui proclament le plus haut leur besoin de torturer et, comme dit Sartre, leur volonté d'être « le souffle glacé qui anéantira toute vie » — d'où il ressort logiquement que l'écrivain est responsable en raison inverse du mal qu'il se fait fort de créer. Naturellement personne n'ira soutenir une pareille conclusion, non seulement parce qu'elle paraît bien scabreuse, mais aussi parce qu'elle laisse dans l'ombre la science du mal que nous devrions posséder pour décider que l'œuvre est coupable ou qu'elle doit jouir de l'immunité.

Il faut encore noter que nos deux auteurs n'envisagent pas un instant une autre sorte de sadiques criminels qui, quoique travaillant dans le camp de la réaction politique et sociale, n'en obéissent pas moins au même désir de tuer, de violer, de trahir et d'humilier les hommes jusqu'à les réduire à néant. C'est que pour Sartre comme pour Bataille — en gros ils sont d'accord sur ce point —, le mal en littérature n'a pas partout la même nocivité : la malignité radicale d'un Sade ou d'un Genet ne saurait se confondre avec le mal non réversible que l'extrémiste rétrograde, pourtant pervers lui aussi, est en mesure de provoquer. Le démon retourné en ange par la grâce des théologiens est naturellement « progressiste », il est de gauche, si l'on peut dire, parce qu'il démasque le mensonge du monde comme il va et fait en cela déjà œuvre de salubrité ; ou bien encore — c'est la thèse de Bataille —, parce qu'il éveille l'esprit à des profondeurs aussi mystérieuses que le sont celles du « divin ». Est de droite, en revanche, le démon engagé dans la mauvaise voie politique qui, étant sorti du pur domaine de l'Etre où le premier exerce ses ravages, ne saurait bénéficier d'aucun renversement métaphysique. A gauche le mal touche aux racines mêmes de l'Etre et du Néant, il est radical et c'est pourquoi il participe de la Révolution, et quand bien même il se défendrait de tendre à quoi que ce soit de positif (ce que fait précisément Genet) ; à droite il est le mal sans plus, le mal responsable de ses effets et qui se révèle d'autant plus dangereux qu'il ne prétend agir que sur un terrain strictement borné. Bien entendu cette distinction n'est jamais formulée sous la forme abrupte que je lui donne ici, elle n'est même pas formulée du tout et ne se traduit qu'indirectement — mais finalement avec quelle régularité — dans le traitement spécial que les intellectuels réservent à leurs saints patrons et aux objets de leur dévotion personnelle (on ne peut s'empêcher de comparer la complaisance de Sartre à l'égard du criminel maudit qu'est Genet avec sa critique hargneuse de Flaubert, un écrivain « bourgeois » et réactionnaire dont rien, et surtout pas la beauté unique de son art, ne peut atténuer la responsabilité).

En faisant porter tout l'accent sur un mal qui deviendrait un bien en raison même de sa radicalité, le critique au surplus ne trahit pas seulement un présupposé essentiel de sa propre mythologie, mais un déni de l'inconscient dont autrement il admet pourtant l'existence, tout au moins théoriquement. Car en dépit de ce qu'il devrait savoir lui-même, et on serait tenté de dire en dépit de tout bon sens, son analyse suppose finalement un inconscient parfaitement *orienté*, dans lequel les désirs narcissiques, la mégalomanie et les instincts meurtriers changent radicalement de sens et de valeur selon le côté où ils choisissent de se ranger. Le fait que l'inconscient ne connaît ni droite ni gauche, ni haut ni bas, ni bien ni mal à strictement parler, c'est encore là ce que le critique s'efforce de nier, comme si les relations de la littérature et du mal étaient justement de celles qui ne peuvent pas le tolérer.

*

En résumé — mais il n'y a pas de résumé, pas de conclusion, rien que des questions qui se multiplient à mesure que l'on croit avancer —, nous n'avons sur la responsabilité de l'écrit devant la vie aucune science, aucune doctrine sérieusement fondée qui nous permette de trancher. Nous ne savons pas en quoi consiste la dynamique de l'image littéraire qui déclencherait chez le lecteur le besoin de réaliser ce qu'il lit, sur-le-champ ou en différé ; quelles conditions la provocation doit remplir et quel degré il lui faut atteindre pour être suivie d'effet ; nous ne savons pas si la violence écrite incite à l'imitation, ou si au contraire, comme le voulait la théorie de la catharsis, elle est bénéfique en ce qu'elle purge l'âme de ses affects (il en va de même de toute violence *représentée* : le vieux débat sur la nocivité des images de violence au cinéma et à la télévision n'a jamais reçu de solution) ; s'il convient de discriminer, mais alors jusqu'à quel point et en vertu de quelles certitudes prouvées, entre le sadique mégalomane qui écrit *Mein Kampf* et celui qui compose *les Cent Vingt Journées* ; enfin à l'opposé de ce que nous nous figurons nous ne savons pas si la responsabilité de l'écrit est du ressort de l'éthique générale, de l'esthétique ou tout simplement de la morale politique — même sur ce point élémentaire nous sommes et nous restons dans l'obscurité, en sorte que si nous étions tant soit peu conséquents, nous devrions en attendant nous abstenir de juger.

Mais dans ce domaine précisément nous ne pouvons ni ne devons vouloir l'abstention, car il y a réellement dans bien des productions de l'esprit des poisons subtils ou violents, contre lesquels nous n'avons pas d'autre antidote qu'une pensée incessamment en éveil. Il faut donc juger, tout en sachant que jusqu'à nouvel ordre nous le faisons *sans* connaissance de cause, en n'émettant jamais que des opinions qui, pour nécessaires et respectables qu'elles soient, sont encore loin de prendre force de loi. Il faut juger dans la pleine conscience de ne rendre la plupart du temps que des verdicts approximatifs, hâtifs, légers, quand ils ne sont pas dictés directement par l'idéologie du moment ; mais aussi dans l'espoir qu'à force de tourner et de retourner des questions jusque-là non posées, nous finirons peut-être par percer un peu mieux les rapports secrets de la littérature avec nos diables et nos bons dieux.

www.ingramcontent.com/pod-product-compliance
Lightning Source LLC
Chambersburg PA
CBHW031459160726
47994CB00005B/2106

Two career-driven leaders of the newest NHL team. His condo, her barely there robe, and a whole lot of hot sauce become a recipe for a simmering off-season.

"Hey, Saylet."

She starts, then whips around and tries to look casual.

"What's up? Why do you have a suitcase in your car?" I smile. "There might be such a thing as being too prepared for us to screw up and need bailing out."

"Oh, ah, ha ha. Yeah, maybe you're right."

I peer at her, cataloging; the bags and smudges are bigger than ever. Even her shoulders droop. "Saylet, something's going on. Sleeping in the lounge, suitcase in the car. Tell me what's up."

She straightens further and sidesteps to intercept my line of sight to her trunk. "Nothing major. I'm handling it. You worry about the Conference Finals, not me."

"I'm a hockey player, not an idiot. I can walk and chew gum at the same time, and I can worry about two things at once. Now, tell me what's wrong. I'd like to help if I can."

"You can't."

"Saylet." I fold my arms. "We can stand here until Coach comes looking for me, or we can do this the easy way."

She sighs and waves a hand in dismissal. "My apartment building has no electricity for a few weeks." She adds under her breath, "I hope."

"Where are you stay…Please tell me you have not been sleeping in the players' lounge the whole time."

PRAISE FOR

Debbie Charles

"Debbie Charles scores a winner with this sexy, emotional hockey romance."
~ Kate Meader, USA Today Bestselling Author

~*~

"Finally—a hockey romance that actually gives you hockey. Not just mentions and locker room vibes, but real games, on-ice action, and all the behind-the-scenes drama that makes the sport feel alive.

This story hits all the right beats. The pacing stays tight, the spice is just right, and the romance? Bold, grown, and deeply satisfying."
~ iReadBooksNSchit, Instagram Influencer

~*~

"I love the camaraderie and friendships in this story and look forward to reading more by this author. Highly recommend!"
~ Deb A, owner of Reading by Deb blog at https://readingbydeb.blogspot.com/